学前教育专业“互联网+”
新形态一体化系列规划教材

幼儿园教育活动设计与指导

主　编◎陈婉舒　王进源
副主编◎丁柯如　周　勇　皮　君　华　晔
周砚竹　朱林丽　张　瑜

厦门大学出版社
XIAMEN UNIVERSITY PRESS
国家一级出版社
全国百佳图书出版单位

图书在版编目(CIP)数据

幼儿园教育活动设计与指导 / 陈婉舒，王进源主编. -- 厦门 ：厦门大学出版社，2023.12

学前教育专业“互联网＋”新形态一体化系列规划教材

ISBN 978-7-5615-9045-4

Ⅰ. ①幼… Ⅱ. ①陈… ②王… Ⅲ. ①幼儿教育-幼儿师范学校-教材 Ⅳ. ①G61

中国版本图书馆CIP数据核字(2023)第119573号

责任编辑 林 鸣
美术编辑 李夏凌
技术编辑 许克华

出版发行 厦门大学出版社
社 址 厦门市软件园二期望海路 39 号
邮政编码 361008
总 机 0592-2181111 0592-2181406(传真)
营销中心 0592-2184458 0592-2181365
网 址 http://www.xmupress.com
邮 箱 xmup@xmupress.com
印 刷 湖南省众鑫印务有限公司

开本 787 mm×1 092 mm 1/16
印张 18.5
字数 404 千字
版次 2023 年 12 月第 1 版
印次 2023 年 12 月第 1 次印刷
定价 58.00 元

厦门大学出版社
微信二维码

厦门大学出版社
微博二维码

前　言

“教育活动的计划与实施”是幼儿园教师必备的专业能力之一。本教材正是依据《3～6岁儿童学习与发展指南》《幼儿园教育指导纲要（试行）》《幼儿园教师专业标准（试行）》等文件的精神，为提高学生综合职业能力，适应教学改革需要而编写和出版的，既适用于学前教育专业学生，也可作为从事与学前教育相关工作教育者的参考用书。

党的二十大报告指出，要“加强基础学科、新兴学科、交叉学科建设，加快建设中国特色、世界一流的大学和优势学科”。教材作为学科教学活动开展的基础和依据，是学科建设的重要组成部分。本教材立足于幼儿园工作岗位实践，以具体的学习成果为导向，遵循“从已知到未知，从基础到精深”的认知规律，全面阐述幼儿园教育活动设计的理论基础、一般原理，以及各类型幼儿园教育活动的组织、指导和评价方法，帮助学习者在掌握学前教育相关理论的基础上，将理论与实践相结合，提高设计、组织、评价幼儿园教育活动的基本能力，促进学习者的专业成长。本教材突出了以下特点：

1. 基于职业能力清单设计教材的基本结构

在教材结构开发过程中，邀请幼儿园专家、一线教师围绕课程对应的岗位，分析幼儿园教育活动设计与指导包含的工作任务和职业能力，形成最终适用于教材内容的职业能力清单。职业能力清单的优势体现在以下三方面：①通过职业能力清单的开发将幼儿园专家纳入教材开发的过程中，为教材内容的设计提供来自工作岗位一线的材料；②打破原有学科知识编排的“章—节”逻辑，以职业能力在工作过程中的特点安排教材的内容，便于组织教学，提升教材使用效果；③职业能力清单中的每条能力既与前后条的能力相关，也有其独立性，当技术与规范更新导致能力的内容发生变化时，可以灵活更换能力条目。

2. 基于校企“双元合作”，内容贴合实际工作内容

教材以“企业岗位（群）任职要求、职业标准、工作过程或产品”作为主体内容，认真调研幼儿园教育活动设计与指导工作岗位所需的职业技能，按照课程对岗位、课程任务对项目、项目对工作任务的要求，设计教材内容，充分反映幼儿园活动计划与实施中所需知识与岗位技能。

3. 重视能力训练，强调“理实一体”

重视能力训练充分体现了活页式教材的编写理念。教材将理论学习与项目学习并行设计，凸显“学思并进”“理实一体”“课证融合”的理念，围绕幼儿园教师专业标准与工作岗位需求，提供实践与实训项目，突出幼儿园教育活动设计与计划、观察与调整、组织与实施、反思与改进等能力的培养。

本教材由贵阳幼儿师范高等专科学校陈婉舒、王进源主编，参与编写的人员均是高职学前教育专业和幼儿园一线有丰富教学与实践经验的教师，包括来自贵阳幼儿师范高等专科学校的丁柯如、周勇、皮君，以及来自贵州省政府机关幼儿园的华晔、贵阳市中心实验幼儿园的周砚竹、贵阳市第一幼儿园的朱林丽、上海市中福会幼儿园的张瑜。具体分工如下：模块一，陈婉舒；模块二，陈婉舒、周砚竹；模块三，丁柯如、陈婉舒；模块四，王进源；模块五，周砚竹；模块六，皮君、朱林丽；模块七，华晔、张瑜；模块八，周勇。全书由陈婉舒统稿。

本教材在编写过程中，参考、借鉴和引用了许多专家、学者的研究成果，采用了贵州省政府机关幼儿园、贵阳市中心实验幼儿园、贵阳市第一幼儿园、上海市中福会幼儿园等多所幼儿园的图片、活动案例。在此由衷地感谢大家无私的帮助和支持。

由于编者水平有限，教材中难免有疏漏和不足之处，诚请专家、同行和广大读者批评指正，以便不断修订完善。

编者

2023年5月

目　录

模块一　幼儿园教育活动概述

图1-1-1是一位幼儿园教师设计的某次幼儿园教育活动方案。在幼儿园的真实工作场景中，要设计一次教育活动，首先要全面认识幼儿园教育活动，树立正确的活动观。这包括认识幼儿园教育活动的内涵、特点及类型，正确把握幼儿园教育活动目标与内容的价值取向。

幼儿园教育是我国基础教育的重要组成部分，对幼儿的发展起着重要的启蒙作用。2016年版《幼儿园工作规程》第五章第二十八条明确指出："幼儿园应当为幼儿提供丰富多样的教育活动。""教育活动内容应当根据教育目标、幼儿的实际水平和兴趣确定，以循序渐进为原则，有计划地选择和组织。"作为幼儿教育工作者，能否正确理解幼儿园教育活动的相关知识，将直接影响幼儿园教育活动的效果。

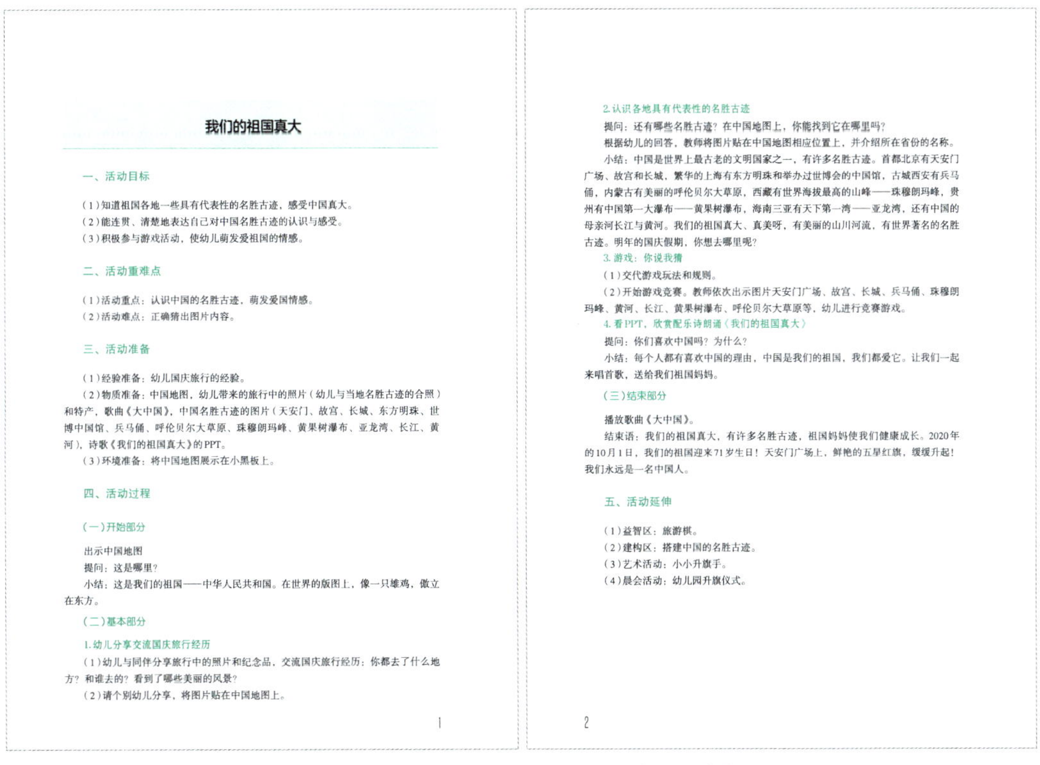

我们的祖国真大

一、活动目标

（1）知道祖国各地一些具有代表性的名胜古迹，感受中国真大。
（2）能连贯、清楚地表达自己对中国名胜古迹的认识与感受。
（3）积极参与游戏活动，使幼儿萌发爱祖国的情感。

二、活动重难点

（1）活动重点：认识中国的名胜古迹，萌发爱国情感。
（2）活动难点：正确猜出图片内容。

三、活动准备

（1）经验准备：幼儿国庆旅行的经验。
（2）物质准备：中国地图，幼儿带来的旅行中的照片（幼儿与当地名胜古迹的合照）和特产，歌曲《大中国》，中国名胜古迹的图片（天安门、故宫、长城、东方明珠、世博中国馆、兵马俑、呼伦贝尔大草原、珠穆朗玛峰、黄果树瀑布、亚龙湾、长江、黄河），诗歌《我们的祖国真大》的PPT。
（3）环境准备：将中国地图展示在小黑板上。

四、活动过程

（一）开始部分

出示中国地图

提问：这是哪里？

小结：这是我们的祖国——中华人民共和国。在世界的版图上，像一只雄鸡，傲立在东方。

（二）基本部分

1.幼儿分享交流国庆旅行经历

（1）幼儿与同伴分享旅行中的照片和纪念品，交流国庆旅行经历：你都去了什么地方？和谁去的？看到了哪些美丽的风景？
（2）请个别幼儿分享，将图片贴在中国地图上。

1

2.认识各地具有代表性的名胜古迹

提问：还有哪些名胜古迹？在中国地图上，你能找到它在哪里吗？

根据幼儿的回答，教师将图片贴在中国地图相应位置上，并介绍所在省份的名称。

小结：中国是世界上最古老的文明国家之一，有许多名胜古迹。首都北京有天安门广场、故宫和长城，繁华的上海有东方明珠和举办过世博会的中国馆，古城西安有兵马俑，内蒙古有美丽的呼伦贝尔大草原，西藏有世界海拔最高的山峰——珠穆朗玛峰，贵州有中国第一大瀑布——黄果树瀑布，海南三亚有天下第一湾——亚龙湾，还有中国的母亲河长江与黄河。我们的祖国真大、真美呀，有美丽的山川河流，有世界著名的名胜古迹。明年的国庆假期，你想去哪里呢？

3.游戏：你说我猜

（1）交代游戏玩法和规则。
（2）开始游戏竞赛。教师依次出示图片天安门广场、故宫、长城、兵马俑、珠穆朗玛峰、黄河、长江、黄果树瀑布、呼伦贝尔大草原等，幼儿进行竞赛游戏。

4.看PPT，欣赏配乐诗朗诵《我们的祖国真大》

提问：你们喜欢中国吗？为什么？

小结：每个人都有喜欢中国的理由，中国是我们的祖国，我们都爱它。让我们一起来唱首歌，送给我们祖国妈妈。

（三）结束部分

播放歌曲《大中国》。

结束语：我们的祖国真大，有许多名胜古迹，祖国妈妈使我们健康成长。2020年的10月1日，我们的祖国迎来71岁生日！天安门广场上，鲜艳的五星红旗，缓缓升起！我们永远是一名中国人。

五、活动延伸

（1）益智区：旅游棋。
（2）建构区：搭建中国的名胜古迹。
（3）艺术活动：小小升旗手。
（4）晨会活动：幼儿园升旗仪式。

2

图1-1-1　教育活动方案：我们的祖国真大

任务一　幼儿园教育活动的内涵、特点及类型

一、任务描述

要完成图1-1-1所示的幼儿园教学活动设计，首先要认识幼儿园教育活动。请说明幼儿园教育活动的内涵、特点及类型。

二、学习目标

（一）知识目标

（1）知道幼儿园教育活动的内涵。
（2）理解幼儿园教育活动的特点及类型。

（二）能力目标

具有辨析幼儿园教育活动与幼儿园课程之间关系的能力。

（三）素养目标

（1）正确把握幼儿园教育活动的内涵，逐步树立正确的幼儿教育观。
（2）培养乐于思考、分析问题的意识。

三、任务分析

（1）重点：理解幼儿园教育活动的内涵、特点及类型。
（2）难点：辨析幼儿园教育活动与幼儿园课程之间的关系。

四、相关知识链接

微课：幼儿园教育活动的特点

（一）幼儿园教育活动的含义

幼儿园教育活动的含义有广义和狭义之分。广义的幼儿园教育活动，是指幼儿在幼儿园开展的一切有教育价值的活动，主要包括生活活动、游戏活动、学习活动三个方面。这些活动相互渗透、有机结合成一个整体，共同促进幼儿身心全面和谐发展。狭义的幼儿园教育活动，是指教师有目的、有计划、有组织地开展有利于促进幼儿发展的教育活动，如集体教学活动等。

对于幼儿园教育活动的内涵，可以从以下几个方面进行理解。

首先，幼儿园教育活动是教师预先设计的有目的、有计划、有组织的活动。幼儿园

教育活动不是自发的、随意的活动，它具有明确的目的性和规范性，其目的是促进幼儿身心健康发展，培养社会主义建设者和接班人。因此，教师必须根据幼儿园保育和教育目标的要求，分析班级幼儿实际水平和需要，拟定科学合理的教学活动目标，制订切实可行的教学活动计划，组织并实施具体的教育活动。

其次，幼儿园教育活动是师幼共同构成的双向活动。幼儿园教育活动是教师和幼儿一起参与、互相配合、共同实现的活动，它包括教师的“教授”、幼儿的“学习”，以及运用的教学材料三种基本成分。幼儿在教育活动中处于主体地位，既是教育活动过程的直接承担者，也是教育活动结果的直接体现者。幼儿在教师设计的多种形式活动中，在与环境和材料的相互作用中，在发现问题和解决问题的过程中，积极探索获得相关学习经验，促进全面和谐的发展。教师是教育活动的设计者、组织者、引导者和支持者，是教学活动目标的引领者，将直接或间接影响活动的过程和方向。教师积极发挥在教学活动设计中的主体性作用，能有效保障幼儿在活动过程中主体性的实现。因此，教师应在幼儿发展需求与社会发展需求之间找到一种平衡，通过提供适宜的教育活动，最大限度地满足幼儿全面发展需要。

最后，幼儿园教育活动具有多种形式。

（二）幼儿园教育活动的类型

根据不同的维度，可将幼儿园教育活动划分为不同的类型。幼儿园教育活动的组织形式应该是丰富多样的，以游戏为基本活动，合理利用时间和空间，激发幼儿的兴趣，满足幼儿自主探索和体验的需要。

1. 按照幼儿园教育活动的价值取向划分

根据幼儿园教育活动持有的基本理念，可将幼儿园教育活动分为不同结构化的教育活动：无结构的教育活动、低结构的教育活动、高结构的教育活动和完全结构化的教育活动。幼儿园的各类教育活动，都可以从无结构的教育活动与完全结构化的教学活动连续体（见图 1–1–2）中找到相应的位置，也表现出对教育活动持有的价值取向——强调过程，或强调结果。[①]

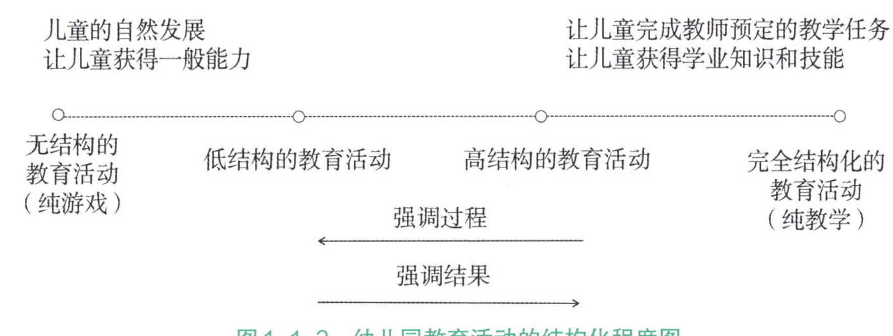

图 1–1–2　幼儿园教育活动的结构化程度图

这个教学活动连续体的一个极端是无结构的教育活动，即纯游戏。在纯游戏中，幼

① 朱家雄. 幼儿园教育活动设计与实施[M]. 北京：高等教育出版社，2008：11.

儿由内部动机控制活动，是幼儿自发、自愿、自主的活动。另一个极端是完全结构化的教育活动，即纯教学活动。完全结构化的教育活动是由教师预设、发起、计划和实施的，幼儿由外部动机控制活动。而在这两个极端之间存在着各种状态，反映着不同程度游戏与教学的结合，表明幼儿园教育活动从无结构化、低结构化、高结构化到完全结构化教学的不同特征。一旦确定了幼儿园教育活动的结构化程度，那么活动的目标和过程由谁来确定与发起、活动的动机是什么、教师在活动中扮演什么角色、活动强调过程还是结果等一系列问题也就有了答案。对于具有较多教学特征的高结构化教学活动，主要由教师确定活动目标，教师发起活动，教师的奖惩是活动的动机，活动更强调结果。而对于具有更多游戏特征的低结构化教学活动，通常由幼儿发起活动，幼儿与教师共同确定活动目标，幼儿的需要是活动的动机，活动更强调过程而非结果。

需要指出的一点是，幼儿园教学活动结构化程度的高低，是相对而言的，各教育活动表现出来的结构化程度的差异，也只是程度上的差异。

2. 按照对教育活动参与对象的组织形式划分

这里的组织形式，通常是指教师对幼儿参与幼儿园教育活动的组织形式，可划分为集体活动、小组活动和个别活动三种。

（1）集体活动。集体活动通常是由教师组织班级全体幼儿，在同一时间和空间下统一进行的有目的、有计划的教育活动。集体活动具有较强的计划性，组织较为规范，适合引导幼儿学习最基本的经验，或者是大部分幼儿感兴趣的内容；有利于解决幼儿存在的共性问题，或者是需要幼儿集中探索、共同学习、相互启发的困惑。在集体活动中，教师帮助幼儿积累提升和分享必需的经验，有利于提高活动的效率。但由于集体活动具有较强的统一性和计划性，教师很难做到因材施教，照顾到班级幼儿的个体差异。

（2）小组活动。小组活动是将班级幼儿划分成不同小组进行的活动，例如区角活动。小组活动的形式，有利于调动幼儿学习的主动性和积极性，强化学习效果；有利于幼儿学会合作学习，学会沟通，促进与教师和同伴间的交流讨论、分工合作，为幼儿提供更多的表现机会。同时，教师也能在小组活动中，更好地观察和了解幼儿的行为表现，做到因材施教。

（3）个别活动。个别活动通常是教师根据幼儿发展需要对个别幼儿进行的教育活动，或者是幼儿自由选择并进行自主探索的活动。个别活动以个别操作为主，有利于积累幼儿的个体经验，满足幼儿个体的兴趣和需求，适应幼儿的个体发展水平；有利于教师照顾到幼儿的个体差异，因材施教。

3. 按照课程类型划分

从课程类型的角度划分，幼儿园教育活动可以分为学科（领域）教育活动和主题单元结构教育活动。

（1）学科（领域）教育活动。学科（领域）教育活动将幼儿园教育活动分为若干个学科（领域），以学科（领域）为单位组织和实施幼儿园教育活动，一般有语言、数学、科学、音乐、美术等学科。通常，学科（领域）教育活动具有以下特点：第一，具有较强的内在逻辑结构，幼儿能按照学科的逻辑系统地学习知识和技能，提高学习效率；第二，将各学科（领域）的关键经验作为幼儿学习的核心，有利于幼儿形成对世界的认识；第三，具有较强的可操作性，教师能在教材、参考用书的指导下实施各学科（领域）教学活动，较好地把握活动的过程，并对活动效果进行评价。

（2）主题单元结构教育活动。主题单元结构教育活动，是指在一段时间内，围绕事先选择的主题组织的教育活动，它强调儿童发展领域和多种教育因素的全面整合，打破了学科之间的界限，将各学科整合为一体，体现了活动的整体性和综合性，已成为目前我国幼儿园教育活动的主要类型之一。

主题单元结构教育活动具有以下特征：第一，强调关联性，以解决幼儿生活中的问题为出发点，帮助幼儿在活动中面对冲突从而建构概念；第二，能促进幼儿的主动性，幼儿在与操作材料和他人的操作互动中主动获得学习经验，而非被动的学习者和接受者；第三，关注幼儿的整体发展，使幼儿在认知、身体和情感各方面的发展相互促进，在综合性的主题活动中获得知识和经验。

4. 按照教育活动的领域划分

《幼儿园教育指导纲要（试行）》提出幼儿园教育内容可以相对划分为健康、语言、社会、科学和艺术五个领域，各领域的内容相互渗透。因此，幼儿园教育活动也可划分为健康领域教育活动、语言领域教育活动、社会领域教育活动、科学领域教育活动、艺术领域教育活动五种类型，各类型活动相互渗透、相互联系。

5. 按照幼儿园教育活动的特征划分

按照幼儿园教育活动的不同特征，可划分为生活活动、游戏活动、教学活动、区角活动和家园社区活动五种类型。本教材在编写和架构上主要采用了此类幼儿园教育活动分类的形式。

生活活动，主要包括来园、离园、盥洗、如厕、进餐、饮水、午睡等内容。幼儿园各生活环节都蕴含着许多教育契机，在生活中学习与发展是幼儿的一个显著特点，融教育于一日生活中是幼儿教育的一个显著特点。在生活活动中，可以帮助幼儿建立科学的生活常规，培养良好的生活习惯，获得基本的生活自理知识，提高生活自理能力。

游戏活动，是幼儿最喜爱的活动，具有愉悦性。游戏活动是幼儿园的主要活动，是幼儿学习的主要方式，可以促进幼儿在身体、心理、智力、社会等方面的发展。幼儿园游戏活动主要包括角色游戏、建构游戏、表演游戏、智力游戏、体育游戏等类型，能有效激发幼儿的兴趣，在游戏中学习，促进幼儿在智力、创造力、社会性、审美性等方面的发展。

教学活动，主要是指在相对固定的一段时间内，教师有目的、有计划地选择教学内容，并组织幼儿进行学习的活动，如集体教学活动。幼儿园教学活动的目的是促进幼儿的身心得到全面发展，是幼儿园对幼儿实施教育的主要途径。

区角活动，又称为“活动区活动”“区域活动”“个别化学习活动”等，是根据幼儿的兴趣和发展需要，结合幼儿教育的目标，教师与幼儿共同创设环境，投放活动材料，制定活动规则，幼儿通过自主选择、操作探索，在与环境、操作材料和同伴的互动中，获得身体、认知、社会性等各方面发展的一种幼儿园教育活动形式。2016年版《幼儿园工作规程》指出：“幼儿园应当将环境作为重要的教育资源，合理利用室内外环境，创设开放的、多样的区域活动空间，提供适合幼儿年龄特点的丰富的玩具、操作材料和幼儿读物，支持幼儿自主选择和主动学习，激发幼儿学习的兴趣与探究的愿望。”幼儿园常见的区角活动有角色区活动、表演区活动、建构区活动、美工区活动、阅读区活动、科学区活动、益智区活动、生活区活动等。

家园社区活动，是指幼儿园充分挖掘家长和社区资源，邀请家长和社区以各种形式参与（或合作组织）幼儿园的各项教育活动，以有效增进家园、社区共育，促进幼儿健康和谐发展。

6. 按照幼儿园教育活动的性质划分

按照幼儿园教育活动的不同性质，可以划分为幼儿自主生成的教育活动（也称为“生成性活动”）和由教师预先设计的教育活动（也称为“预设性活动”）。生成性活动更加关注幼儿的兴趣和需要，是教师基于幼儿偶发性的兴趣和探究而产生的内部动机的需要，支持、引导和帮助幼儿生成的教育活动，偏向于低结构化的活动；而预设性活动强调教师预先设计、直接地组织及指导、有计划地组织和实施，偏向于高结构化的活动。

资源链接：幼儿园教育活动与幼儿园课程

五、任务分工

学生分组及任务分工表

<table>
<tr><td colspan="4">班级</td><td colspan="4"></td><td colspan="4">组号</td><td colspan="4"></td><td colspan="4">指导教师</td><td colspan="4"></td></tr>
<tr><td colspan="4">组长</td><td colspan="4"></td><td colspan="4">学号</td><td colspan="12"></td></tr>
<tr><td colspan="4" rowspan="6">组员</td><td colspan="5">姓名</td><td colspan="5">学号</td><td colspan="5">姓名</td><td colspan="5">学号</td></tr>
<tr><td colspan="5"></td><td colspan="5"></td><td colspan="5"></td><td colspan="5"></td></tr>
<tr><td colspan="5"></td><td colspan="5"></td><td colspan="5"></td><td colspan="5"></td></tr>
<tr><td colspan="5"></td><td colspan="5"></td><td colspan="5"></td><td colspan="5"></td></tr>
<tr><td colspan="5"></td><td colspan="5"></td><td colspan="5"></td><td colspan="5"></td></tr>
<tr><td colspan="5"></td><td colspan="5"></td><td colspan="5"></td><td colspan="5"></td></tr>
<tr><td colspan="24">任务分工</td></tr>
<tr><td colspan="24"></td></tr>
</table>

六、任务实施

任务工作单 1

组号：__________ 姓名：__________ 学号：__________ 检索号：1-1-1

引导问题：

（1）你认为什么是幼儿园教育活动？

（2）幼儿园教育活动有哪些特点？

（3）幼儿教育活动有哪些类型？

任务工作单 2

组号：__________　姓名：__________　学号：__________　检索号：1-1-2

引导问题：

扫描二维码，阅读并分析材料，回答下列问题。

教案：我们的祖国真大

（1）材料中的活动，属于什么类型的幼儿教育活动？

（2）你认为活动对象是哪个年龄班的幼儿？为什么？

（3）在材料中，教师做了什么？他（她）扮演的角色是什么？幼儿做了什么？他们扮演的角色是什么？

任务工作单 3

组号：__________ 姓名：__________ 学号：__________ 检索号：1-1-3

引导问题：

查阅资料，谈谈你对幼儿园教育活动与幼儿园课程关系的理解。

任务工作单 4

组号：__________　姓名：__________　学号：__________　检索号：1-1-4

引导问题：

（1）小组间讨论，教师参与并指导，确定任务工作单 1-1-1、1-1-2、1-1-3 的最优答案，并检讨自己在学习中存在的不足之处。

（2）每个小组推选出一位小组长，进行汇报。根据汇报情况，再次检讨自己存在的不足之处。

七、评价反馈

评价工作单 1

组号：__________ 姓名：__________ 学号：__________ 检索号：1-1-5

自我评价表

<table>
<tr><td>班级</td><td colspan="2"></td><td>姓名</td><td></td><td>日期</td><td></td></tr>
<tr><td>评价指标</td><td colspan="4">评价内容</td><td>分数</td><td>分数评定</td></tr>
<tr><td>信息收集能力</td><td colspan="4">是否能有效利用网络、图书等资源，查找相关信息；是否能将查到的信息有效地传递到学习中</td><td>10分</td><td></td></tr>
<tr><td>感知课堂学习</td><td colspan="4">是否能在学习中获得满足感和认同感</td><td>10分</td><td></td></tr>
<tr><td rowspan="2">学习态度、沟通能力</td><td colspan="4">是否积极主动与教师、同学交流，相互尊重、理解；与教师、同学之间是否能保持多向、丰富、适宜的信息交流</td><td>5分</td><td rowspan="2"></td></tr>
<tr><td colspan="4">是否能处理好合作学习和独立思考的关系，做到有效学习；是否能提出有意义的问题或发表个人见解</td><td>5分</td></tr>
<tr><td rowspan="3">知识、能力获得情况</td><td colspan="4">是否知道幼儿园教育活动的含义、特点和类型</td><td>15分</td><td rowspan="3"></td></tr>
<tr><td colspan="4">是否能结合材料分析并理解幼儿园教育活动的内涵和性质，初步树立正确的幼儿教育观</td><td>15分</td></tr>
<tr><td colspan="4">是否理解幼儿园教育活动与幼儿园课程的关系</td><td>15分</td></tr>
<tr><td>思维能力</td><td colspan="4">是否能发现问题、提出问题、分析问题、解决问题、创新问题</td><td>10分</td><td></td></tr>
<tr><td>自我反思</td><td colspan="4">是否能按时保质完成任务；是否较好地掌握了知识点；是否具有较为全面、严谨的思维能力，能有条理地梳理观点并形成文字</td><td>15分</td><td></td></tr>
<tr><td colspan="5">评价分数</td><td colspan="2"></td></tr>
<tr><td rowspan="2">总体提炼</td><td>优点</td><td colspan="5"></td></tr>
<tr><td>不足</td><td colspan="5"></td></tr>
</table>

评价工作单 2

组号：________　姓名：________　学号：________　检索号：1-1-6

小组内互评验收表

<table>
<tr><td>组长</td><td></td><td>组名</td><td></td><td>日期</td><td colspan="2"></td></tr>
<tr><td>验收成员姓名</td><td colspan="6"></td></tr>
<tr><td>任务要求</td><td colspan="6">幼儿园教育活动含义、特点及类型的认知，幼儿园教育活动内涵的认知，辨析幼儿园教育活动与幼儿园课程的关系。任务完成过程中，至少包含5份文献的检索清单</td></tr>
<tr><td rowspan="2">文档验收清单</td><td colspan="6">被验收者任务工作单1-1-1、1-1-2、1-1-3、1-1-4</td></tr>
<tr><td colspan="6">文献检索清单</td></tr>
<tr><td>评价指标</td><td colspan="4">评价内容</td><td>分数</td><td>分数评定</td></tr>
<tr><td>信息收集能力</td><td colspan="4">该同学是否能有效利用网络、图书等资源，查找相关信息；是否能将查到的信息有效地传递到学习中</td><td>10分</td><td></td></tr>
<tr><td>感知课堂学习</td><td colspan="4">该同学是否能在学习中获得满足感和认同感</td><td>10分</td><td></td></tr>
<tr><td rowspan="2">学习态度、沟通能力</td><td colspan="4">该同学是否能积极主动与教师、同学交流，相互尊重、理解；与教师、同学之间是否能保持多向、丰富、适宜的信息交流</td><td>5分</td><td></td></tr>
<tr><td colspan="4">该同学是否能处理好合作学习和独立思考的关系，做到有效学习；是否能提出有意义的问题或发表个人见解</td><td>5分</td><td></td></tr>
<tr><td rowspan="3">知识、能力获得情况</td><td colspan="4">该同学是否能理解幼儿园教育活动的含义、特点和类型</td><td>15分</td><td></td></tr>
<tr><td colspan="4">该同学是否能结合材料分析并理解幼儿园教育活动的内涵和性质，初步树立正确的幼儿教育观</td><td>15分</td><td></td></tr>
<tr><td colspan="4">该同学是否能理解幼儿园教育活动与幼儿园课程的关系，并提供文献检索清单（若少于5项，缺1项扣1分）</td><td>15分</td><td></td></tr>
<tr><td>思维能力</td><td colspan="4">该同学是否能发现问题、提出问题、分析问题、解决问题、创新问题</td><td>10分</td><td></td></tr>
<tr><td>自我反思</td><td colspan="4">该同学是否能按时保质完成任务；是否较好地掌握了知识点；是否具有较为全面、严谨的思维能力，能有条理地梳理观点并形成文字</td><td>15分</td><td></td></tr>
<tr><td colspan="5">评价分数</td><td colspan="2"></td></tr>
<tr><td>该同学的不足之处</td><td colspan="6"></td></tr>
<tr><td>有针对性的改进建议</td><td colspan="6"></td></tr>
</table>

评价工作单 3

组号：＿＿＿＿＿ 姓名：＿＿＿＿＿ 学号：＿＿＿＿＿ 检索号：1-1-7

小组间互评验收表

<table>
<tr><td>验收组长</td><td></td><td>验收组号</td><td></td><td>日期</td><td></td></tr>
<tr><td>验收成员姓名</td><td colspan="5"></td></tr>
<tr><td rowspan="2">验收组完成的资料清单</td><td colspan="5">被验收者任务工作单1-1-1、1-1-2、1-1-3、1-1-4</td></tr>
<tr><td colspan="5">文献检索清单</td></tr>
<tr><td>评价指标</td><td colspan="3">评价内容</td><td>分数</td><td>分数评定</td></tr>
<tr><td rowspan="3">汇报表述</td><td colspan="3">表述是否清晰准确</td><td>15分</td><td rowspan="3"></td></tr>
<tr><td colspan="3">语言是否流畅，普通话是否标准</td><td>10分</td></tr>
<tr><td colspan="3">是否能准确汇报该小组完成情况</td><td>15分</td></tr>
<tr><td rowspan="2">内容正确度</td><td colspan="3">内容是否正确</td><td>30分</td><td rowspan="2"></td></tr>
<tr><td colspan="3">句型表达是否到位</td><td>30分</td></tr>
<tr><td colspan="4">评价分数</td><td colspan="2"></td></tr>
<tr><td>简要评述</td><td colspan="5"></td></tr>
</table>

评价工作单 4

组号：__________　姓名：__________　学号：__________　检索号：1-1-8

任务完成情况评价表

<table>
<tr><td>任务名称</td><td></td><td>组名</td><td></td><td>总得分</td><td></td></tr>
<tr><td>评价依据</td><td colspan="5">学生完成的任务工作单1-1-1、1-1-2、1-1-3、1-1-4</td></tr>
<tr><td>评价内容</td><td>评价要点</td><td colspan="2">考查要点</td><td>分数</td><td>分数评定</td></tr>
<tr><td rowspan="2">查阅文献情况</td><td rowspan="2">任务实施过程中文献查阅</td><td colspan="2">是否查阅文献资料不少于5份（缺1份扣1分）</td><td rowspan="2">20分</td><td rowspan="2"></td></tr>
<tr><td colspan="2">是否正确运用信息资料（描述错误扣2分）</td></tr>
<tr><td rowspan="2">互动交流情况</td><td rowspan="2">小组内交流，教学互动</td><td colspan="2">是否在小组内与其他成员积极交流，大胆表达自己的观点（酌情给分）</td><td rowspan="2">30分</td><td rowspan="2"></td></tr>
<tr><td colspan="2">是否愿意接受教师指导，或在遇到困难时，是否能主动寻求教师的帮助（酌情给分）</td></tr>
<tr><td rowspan="2">任务完成情况</td><td>规定时间内的完成度</td><td colspan="2">是否能在规定时间内完成任务（如没在规定时间内完成，则酌情扣分）</td><td>20分</td><td rowspan="2"></td></tr>
<tr><td>任务完成的正确度</td><td colspan="2">任务完成的正确性（错误1个点扣2分）</td><td>30分</td></tr>
<tr><td colspan="4">评价分数</td><td colspan="2"></td></tr>
<tr><td>简要评论</td><td colspan="5"></td></tr>
</table>

任务二　幼儿园教育活动的目标

一、任务描述

设计小、中、大班科学探究活动“沉与浮”的目标，并说明理由和依据。

二、学习目标

（一）知识目标

（1）理解幼儿园教育目标的层次结构。
（2）了解幼儿园教育活动的目标取向。
（3）知道幼儿园教育活动目标表述的要求。

（二）能力目标

能设计表述规范、具体合理的幼儿园教育活动目标。

（三）素养目标

（1）认同幼儿园教育目标的意义，增强目标意识。
（2）培养科学严谨的工作作风。

三、任务分析

（1）重点：设计幼儿园教育活动的目标。
（2）难点：制定科学合理、具体可操作的目标。

四、相关知识链接

微课：幼儿园教育目标的体系结构

（一）幼儿园教育目标的体系结构

教育目标既是教育活动的出发点和落脚点，又是对教育活动预期效果的期盼，在教育活动的组织与实施中起着导向作用，影响着教育活动内容和方法的选择，是进行活动评价的标准。在我国教育目的的指导下，《幼儿园工作规程》《幼儿园教育指导纲要（试行）》《3～6岁儿童学习与发展指南》提出了幼儿园保教目标、五大领域活动目标，以及各年龄段（3～4岁、4～5岁、5～6岁）发展目标，形成了一个完整的目标体系。通常情况下，幼儿园教育目标体系主要包括：幼儿园保教目标、幼儿园各领域目标、幼儿园各年龄班目标、幼儿园各年龄班学期目标、幼儿园具体教育活动目标等，具体体系结构如图1-2-1所示。

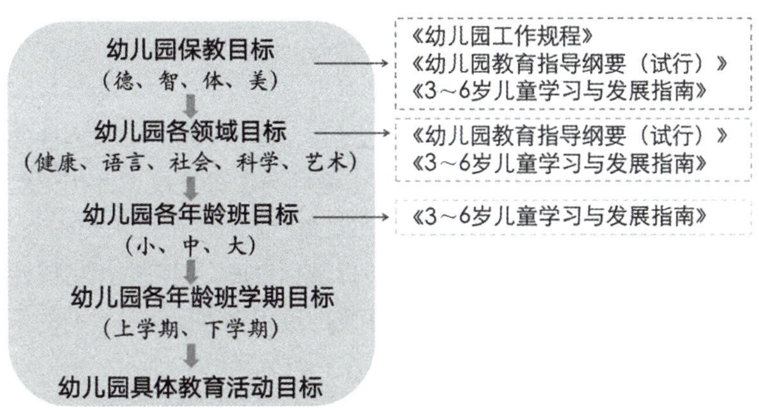

图1-2-1　幼儿园教育目标体系结构

帮助幼儿实现身心健康全面发展不是一蹴而就的，而是呈现出阶段性、螺旋式发展的特点，需要通过一个个具体的幼儿园教育活动才能实现。因此，我国幼儿园教育目标体系结构从上到下，呈现出由抽象到具体、由远期到近期的特点。即目标层次越高，则抽象性越强，具体性和操作性越弱；而目标层次越低，则具体性和操作性越强，抽象性越弱。

幼儿园教育目标体系具有以下特点：①层次性，幼儿园教育目标体系从上到下由抽象到具体、从宏观到微观，层层分解。目标体系帮助我们把握幼儿园教育活动的方向，引导着教育活动的落实。②全面性，虽然目标体系将幼儿园目标划分了不同层次，但各层次目标相互联系、相辅相成、相互促进，都指向实现幼儿全面发展的目标。③连续性，幼儿园教育目标体系前后层级的目标之间具有连续性，前一个目标是后一个目标的基础，后一个目标是前一个目标的分解和细化。

作为落实幼儿园教育任务具体的执行者，幼儿教师应树立目标意识，全面把握幼儿园教育目标体系，用目标体系指导幼儿园教育活动的组织和实施。

（二）幼儿园教育活动的目标取向

微课：幼儿园教育活动的目标取向

基于对幼儿园教育活动、儿童发展、社会需求的不同理解，幼儿园教育活动有着不同的目标取向，反映着教育活动不同的方向和价值。通常，幼儿园教育活动的目标取向有行为目标、生成性目标和表现性目标三种。

1. 行为目标

行为目标是以具体的、可被观察的儿童行为来陈述的活动目标。行为目标指明教育活动实施后儿童在行为上发生的变化，强调的是行为变化的结果，具有可操作性、客观性的特点。行为目标的本质是对“技术理性”的追求，以对行为进行有效控制为核心。[①]

① 张华.课程与教学论[M].上海：上海教育出版社，2001：159，176.

行为目标的表述应包含四个要素：①行为主体，即由谁去完成教育获得的预期行为；②行为动词，即用来表述期望发生具体行为的动词；③行为条件，即产生预期行为结果的特定条件和情境；④行为达成度，即儿童预期应达到的最低水平。

2. 生成性目标

生成性目标不是事先预设的，而是在活动过程中生成的。与行为目标强调行为变化的结果不同，生成性目标强调的是行为变化的过程，具有生成性、过程性的特点。生成性目标的本质是追求“实践理性”，强调儿童、教师与教育情境三者在交互作用中产生的目标①。如在美术领域的教育活动中，要关注儿童的艺术感知和审美体验，培养儿童的想象力和创造力等能力与品质，较难用行为目标进行表述，但可以用生成性目标进行表述。比如，“体验自由创造的快乐”“在大胆表现的过程中感受美术活动的乐趣”等。

3. 表现性目标

表现性目标关注的是儿童在教育活动中的个性发展和创造性表现，而非预先设定儿童在学习后会出现的行为变化。表现性目标的本质是追求“解放理性”，把教育活动看作儿童个性发展和创造性表现的过程，强调儿童表现的多元化，而非同质化。

虽然幼儿园教育活动的目标取向分为行为目标、生成性目标和表现性目标，但它们之间的关系并不是互相排斥、分割，或者对立的。不同取向的目标只是从某一特定角度对教育活动进行把握，三种目标取向都有存在的价值，是相互补充、相互联系的。因此，在教育活动中，教师对目标的把握也不是唯一的。应注意各种目标取向的互补，从而更加有效地达成幼儿园教育活动的目标，促进儿童在知识、技能、个性、情感、社会性等方面的和谐发展。

（三）幼儿园教育活动目标的表述

1. 幼儿园教育活动目标表述的基本要素

美国著名教育心理学家马杰在1962年出版的《程序教学目标的编写》一书中指出，一个完整的教学目标应包含行为、条件、标准三个基本要素。其中，行为是指教学活动后学习者具体能做什么；条件是指预期行为是在什么特定条件下产生的；标准则是指预期行为的最低合格标准。

例如，幼儿园美术活动目标“通过照镜子，画出自己的脸部轮廓”。在这一目标中，“画脸”是行为，“通过照镜子”是条件，“画出脸部轮廓”是标准。这一目标的表述，既能帮助幼儿教师开展教学活动，也便于幼儿教师评价教学效果。

2. 幼儿园教育活动目标表述的维度

《幼儿园教育指导纲要（试行）》提出：“各领域的内容相互渗透，从不同的角度促进幼儿情感、态度、能力、知识、技能等方面的发展。”在一般情况下，幼儿园教育活动目标考虑情感态度、认知和技能三个维度。具体如下：

（1）情感态度维度目标。情感态度维度目标围绕幼儿在活动中兴趣、感受、态度、

① 黄瑾.幼儿园教育活动设计与指导[M].3版.上海：华东师范大学出版社，2021：32.

习惯、价值观等的发展进行设计。在设计情感态度目标时，常会使用到的动词有“感受”“体验”“乐意”“积极”“愿意”“喜欢”“爱护”“关心”“认可”“珍惜”等。比如，中班艺术活动“剪纸”中的一条活动目标“体验剪纸的乐趣”，以及大班主题活动“各种各样的工具”中的主题目标之一“积极参与活动，乐于与同伴共同探究”，都属于情感态度维度目标。

（2）认知维度目标。认知维度目标是围绕幼儿在活动过程中获得的知识和经验提出的。认知维度目标常会用到“了解”“理解”“学会”“知道”“认识”等动词。例如，小班故事活动“爱唱歌的小麻雀”其中一条目标“理解故事内容，知道在别人睡觉时要保持安静”。又如，大班数学活动“10以内的相邻数”认知维度的目标为“了解相邻数的含义”。值得注意的是，不同的动词会体现对幼儿在知识和经验不同程度与层次上的要求。具体见表1-2-1。

表1-2-1　认知维度目标分解层次

目标分解层次	动词举例
了解水平	了解、学习、描述
识记水平	说出、知道、复述、记得、识别
应用水平	运用、使用、说明、示范、分类、分析、比较、指出、区别
综合水平	创编、归纳、总结

（3）技能维度目标。技能维度目标是围绕幼儿获得各种能力、掌握各种方法技巧等方面发展设计的目标。常用到的技能维度目标动词有“能够”“演奏”“使用”等。比如，中班语言活动“我妈妈”的技能维度目标“能使用‘我妈妈像……’表达对妈妈的喜爱”。

资源链接：幼儿园教育活动目标表述的具体要求

五、任务分工

学生分组及任务分工表

<table>
<tr><td>班级</td><td colspan="2"></td><td>组号</td><td></td><td>指导教师</td><td></td></tr>
<tr><td>组长</td><td colspan="2"></td><td>学号</td><td colspan="3"></td></tr>
<tr><td rowspan="6">组员</td><td>姓名</td><td colspan="2">学号</td><td colspan="2">姓名</td><td>学号</td></tr>
<tr><td></td><td colspan="2"></td><td colspan="2"></td><td></td></tr>
<tr><td></td><td colspan="2"></td><td colspan="2"></td><td></td></tr>
<tr><td></td><td colspan="2"></td><td colspan="2"></td><td></td></tr>
<tr><td></td><td colspan="2"></td><td colspan="2"></td><td></td></tr>
<tr><td></td><td colspan="2"></td><td colspan="2"></td><td></td></tr>
<tr><td colspan="7">任务分工</td></tr>
<tr><td colspan="7"></td></tr>
</table>

六、任务实施

任务工作单 1

组号：__________　姓名：__________　学号：__________　检索号：1-2-1

引导问题：

请梳理幼儿园教育目标的体系结构，并思考确立目标体系有什么意义。

任务工作单 2

组号：__________ 姓名：__________ 学号：__________ 检索号：1-2-2

引导问题：

设计小、中、大班科学探究活动“沉与浮”的目标，并说明理由和依据。

年龄班	活动目标	设计理由和依据
小班		
中班		
大班		

任务工作单 3

组号：__________　姓名：__________　学号：__________　检索号：1-2-3

引导问题：

各小组间交流讨论，教师参与并指导，形成正确的活动目标。

年龄班	修改后活动目标	修改理由和依据
小班		
中班		
大班		

任务工作单 4

组号：__________ 姓名：__________ 学号：__________ 检索号：1-2-4

引导问题：

（1）每个小组推荐一位小组长，汇报活动目标设计成果，并借鉴经验，完善设计目标。

（2）自查、分析存在的不足之处，提出改进方法。

七、评价反馈

评价工作单 1

组号：__________　姓名：__________　学号：__________　检索号：<u>1-2-5</u>

自我评价表

班级		姓名		日期	
评价指标	评价内容			分数	分数评定
信息收集能力	是否能有效利用网络、图书等资源，查找相关信息；是否能将查到的信息有效地传递到学习中			10分	
感知课堂学习	是否能在学习中获得满足感和认同感			10分	
学习态度、沟通能力	是否积极主动与教师、同学交流，相互尊重、理解；与教师、同学之间是否能保持多向、丰富、适宜的信息交流			5分	
	是否能处理好合作学习和独立思考的关系，做到有效学习；是否能提出有意义的问题或发表个人见解			5分	
知识、能力获得情况	是否理解幼儿园教育目标的体系结构，并熟悉《3～6岁儿童学习与发展指南》和《幼儿园教育指导纲要（试行）》中的目标及内容			15分	
	是否了解幼儿园教育活动目标的价值取向，并能遵循活动目标的表述要求			10分	
	是否能根据各年龄班幼儿发展特点，设计各类幼儿园教育活动目标			20分	
思维能力	是否能发现问题、提出问题、分析问题、解决问题、创新问题			10分	
自我反思	是否能按时保质完成任务；是否较好地掌握了知识点；是否具有较为全面、严谨的思维能力，能有条理地梳理观点并形成文字			15分	
评价分数					
总体提炼	优点				
	不足				

评价工作单 2

组号：________　姓名：________　学号：________　检索号：1-2-6

小组内互评验收表

<table>
<tr><td>组长</td><td></td><td>组名</td><td></td><td colspan="2">日期</td><td></td></tr>
<tr><td>验收成员姓名</td><td colspan="6"></td></tr>
<tr><td>任务要求</td><td colspan="6">幼儿园教育目标体系结构的认知，熟悉《3～6岁儿童学习与发展指南》和《幼儿园教育指导纲要（试行）》中的目标及内容；掌握幼儿园教育活动目标表述的相关要求和方法，能设计幼儿园教育活动目标。任务完成过程中，至少包含5份文献检索清单</td></tr>
<tr><td rowspan="2">文档验收清单</td><td colspan="6">被验收者任务工作单1-2-1、1-2-2、1-2-3、1-2-4</td></tr>
<tr><td colspan="6">文献检索清单</td></tr>
<tr><td>评价指标</td><td colspan="4">评价内容</td><td>分数</td><td>分数评定</td></tr>
<tr><td>信息收集能力</td><td colspan="4">该同学是否能有效利用网络、图书等资源，查找相关信息；是否能将查到的信息有效地传递到学习中</td><td>10分</td><td></td></tr>
<tr><td>感知课堂学习</td><td colspan="4">该同学是否能在学习中获得满足感和认同感</td><td>10分</td><td></td></tr>
<tr><td rowspan="2">学习态度、沟通能力</td><td colspan="4">该同学是否能积极主动与教师、同学交流，相互尊重、理解；与教师、同学之间是否能保持多向、丰富、适宜的信息交流</td><td>5分</td><td></td></tr>
<tr><td colspan="4">该同学是否能处理好合作学习和独立思考的关系，做到有效学习；是否能提出有意义的问题或发表个人见解</td><td>5分</td><td></td></tr>
<tr><td rowspan="3">知识、能力获得情况</td><td colspan="4">该同学是否能掌握幼儿园教育目标的体系结构，并熟悉《3～6岁儿童学习与发展指南》和《幼儿园教育指导纲要（试行）》中的目标和内容</td><td>15分</td><td></td></tr>
<tr><td colspan="4">该同学是否能查阅资料，思考和理解幼儿园教育目标体系确立的意义，并提供文献检索清单（若少于5项，缺1项扣1分）</td><td>10分</td><td></td></tr>
<tr><td colspan="4">该同学是否能设计各类幼儿园教育活动目标，并且表述合理规范</td><td>20分</td><td></td></tr>
<tr><td>思维能力</td><td colspan="4">该同学是否能发现问题、提出问题、分析问题、解决问题、创新问题</td><td>10分</td><td></td></tr>
<tr><td>自我反思</td><td colspan="4">该同学是否能按时保质完成任务；是否较好地掌握了知识点；是否具有较为全面、严谨的思维能力，能有条理地梳理观点并形成文字</td><td>15分</td><td></td></tr>
<tr><td colspan="5">评价分数</td><td colspan="2"></td></tr>
<tr><td>该同学的不足之处</td><td colspan="6"></td></tr>
<tr><td>有针对性的改进建议</td><td colspan="6"></td></tr>
</table>

评价工作单 3

组号：________ 姓名：________ 学号：________ 检索号：1-2-7

小组间互评验收表

<table>
<tr><td>验收组长</td><td></td><td>验收组号</td><td></td><td>日期</td><td></td></tr>
<tr><td>验收成员姓名</td><td colspan="5"></td></tr>
<tr><td rowspan="2">验收组完成的资料清单</td><td colspan="5">被验收者任务工作单1-2-1、1-2-2、1-2-3、1-2-4</td></tr>
<tr><td colspan="5">文献检索清单</td></tr>
<tr><td>评价指标</td><td colspan="3">评价内容</td><td>分数</td><td>分数评定</td></tr>
<tr><td rowspan="3">汇报
表述</td><td colspan="3">表述是否清晰准确</td><td>15分</td><td rowspan="3"></td></tr>
<tr><td colspan="3">语言是否流畅，普通话是否标准</td><td>10分</td></tr>
<tr><td colspan="3">是否能准确汇报该小组完成情况</td><td>15分</td></tr>
<tr><td rowspan="2">内容
正确度</td><td colspan="3">内容是否正确</td><td>30分</td><td rowspan="2"></td></tr>
<tr><td colspan="3">句型表达是否到位</td><td>30分</td></tr>
<tr><td colspan="4">评价分数</td><td colspan="2"></td></tr>
<tr><td>简要评述</td><td colspan="5"></td></tr>
</table>

评价工作单 4

组号：__________ 姓名：__________ 学号：__________ 检索号：1-2-8

任务完成情况评价表

<table>
<tr><td>任务名称</td><td colspan="2"></td><td>组名</td><td></td><td>总得分</td><td></td></tr>
<tr><td>评价依据</td><td colspan="6">学生完成的任务工作单1-2-1、1-2-2、1-2-3、1-2-4</td></tr>
<tr><td>评价内容</td><td colspan="2">评价要点</td><td colspan="2">考查要点</td><td>分数</td><td>分数评定</td></tr>
<tr><td rowspan="2">查阅文献情况</td><td colspan="2" rowspan="2">任务实施过程中文献查阅</td><td colspan="2">是否查阅文献资料不少于5份（缺1份扣1分）</td><td rowspan="2">20分</td><td rowspan="2"></td></tr>
<tr><td colspan="2">是否正确运用信息资料（描述错误扣2分）</td></tr>
<tr><td rowspan="2">互动交流情况</td><td colspan="2" rowspan="2">小组内交流，教学互动</td><td colspan="2">是否在小组内与其他成员积极交流，大胆表达自己的观点（酌情给分）</td><td rowspan="2">30分</td><td rowspan="2"></td></tr>
<tr><td colspan="2">是否愿意接受教师指导，或在遇到困难时，是否能主动寻求教师的帮助（酌情给分）</td></tr>
<tr><td rowspan="2">任务完成情况</td><td colspan="2">规定时间内的完成度</td><td colspan="2">是否能在规定时间内完成任务（如没在规定时间内完成，则酌情扣分）</td><td>20分</td><td rowspan="2"></td></tr>
<tr><td colspan="2">任务完成的正确度</td><td colspan="2">任务完成的正确性（错误1个点扣2分）</td><td>30分</td></tr>
<tr><td colspan="5">评价分数</td><td colspan="2"></td></tr>
<tr><td>简要评论</td><td colspan="6"></td></tr>
</table>

任务三　幼儿园教育活动内容分析

一、任务描述

以“中国茶”为主题，请为大班幼儿选择教育活动的内容，并说明理由。

二、学习目标

（一）知识目标

（1）了解幼儿园教育活动内容的含义、分类及特点。
（2）了解幼儿园教育活动内容编排的三种形式。
（3）知道幼儿园教育活动内容选择的原则和切入点。

（二）能力目标

（1）能通过多种途径查阅资料，把握幼儿园教育活动内容与活动目标之间的关系。
（2）能初步选择合理的幼儿园教育活动内容。

（三）素养目标

（1）以科学严谨的态度选择幼儿园教育活动内容。
（2）培养勤于思考、分析问题的意识。

三、任务分析

（1）重点：能合理地选择幼儿园教育活动内容。
（2）难点：能遵循幼儿园教育活动内容选择的原则。

四、相关知识链接

（一）幼儿园教育活动内容的含义

幼儿园教育活动内容，是指为了实现活动目标，幼儿要学习及获得的知识、技能、行为经验的总和。内容是在目标指导下，解决“学什么”和“怎么学”的问题，是为目标服务的，是目标实现的载体，两者之间紧密联系。此外，幼儿园教育活动的内容既包括学科知识和技能，还包括学习者在学习过程中形成的行为方式、情感态度及价值观。因此，幼儿园教育活动内容的选择和编排，必须与幼儿园教育活动目标保持一致，以目标为依据，促进幼儿身心健康、全面发展。

（二）幼儿园教育活动内容选择的原则

1. 时代性和持续性

幼儿园教育是面向未来的奠基教育。因此，在幼儿园教育活动内容的选择上，既要选择能反映当代社会发展、反映最新科学技术成果的内容，体现时代性；又要选择能为幼儿今后可持续学习与发展打下良好基础的内容，体现持续性。

2. 生活性和适宜性

《幼儿园教育指导纲要（试行）》提出，幼儿园教育活动内容选择应体现以下原则："（一）既适合幼儿的现有水平，又有一定的挑战性。（二）既符合幼儿的现实需要，又有利于其长远发展。（三）既贴近幼儿的生活来选择幼儿感兴趣的事物和问题，又有助于拓展幼儿的经验和视野。"这些原则都是围绕幼儿的生活经验提出的，因此，幼儿园教育活动内容的选择必须体现生活性。同时，还应遵循幼儿年龄特点和认知水平，选择处于最近发展区内的内容，体现适宜性。幼儿园教育活动内容既要符合幼儿的一般年龄特点，又要根据个体差异因材施教，充分刺激幼儿的学习动机，增加幼儿主动学习的机会。

3. 目标性

幼儿园教育活动内容服务于幼儿园教育活动目标，最终指向幼儿园教育活动目标的实现。因此，幼儿园教育活动目标是选择幼儿园教育活动内容的重要依据之一，幼儿园教育活动内容的选择要与幼儿园教育活动目标保持一致。例如，大班"我的祖国"教育活动目标如下：①知道自己是中国人，认识中国的地理位置和标志；②了解自己的民族和民俗，知道我国是一个团结友爱的多民族大家庭；③知道祖国的一些重大成就，为自己是中国人感到骄傲。以幼儿园教育目标为导向，结合大班幼儿的年龄特点和发展水平应选择以下内容开展幼儿教育活动：①组织幼儿认识国旗、国徽和国歌，参加幼儿园升国旗仪式；②出示中国地图和地球仪，和幼儿一起找一找中国所在位置，观察中国地图的形状；③组织谈话活动，一起来说一说自己的民族和民俗，了解不同民族及其习俗；④布置民族服装秀表演区，了解认识少数民族的服饰特点；⑤与父母一起查阅资料，了解祖国的一些重大成就。

4. 有趣性

幼儿园教育活动内容的选择应具有有趣性，能充分激发幼儿的学习兴趣和需要，刺激幼儿的内在学习动机。因此，幼儿教师不仅要能把握幼儿的年龄特点和发展规律，选择能促进儿童发展，又是幼儿喜欢、感兴趣的内容，还要善于观察，及时捕捉幼儿的学习兴趣和需要，从中选择和生成幼儿教育活动的内容，促进幼儿主动积极参与教育活动。

5. 实效性

幼儿园教育活动内容的选择应注重实效性，选择正发生在幼儿身边的事情，或者幼儿即将面对的事情，强调幼儿园教育活动内容与周围社会生活的联系，让幼儿教育活动内容不仅能贴近幼儿生活，还能体现实效性。如2022年2月在北京举办了第24届冬季奥林匹克运动会，许多幼儿园组织幼儿认识冬奥运动，参与体验冬奥运动项目等活动。

（三）幼儿园教育活动内容的编排

教育活动内容的编排，是教师对已选择的教育活动内容进行系统性和整体性的整理、安排与组织。以下是三种主要的教育活动内容编排的观点。

1. 螺旋式编排

螺旋式编排教育活动内容是由布鲁纳提出的。布鲁纳的学习理论指出，知识的学习就是在学生的头脑中形成一定的知识结构。这种知识结构是由学科知识中的基本概念、基本思想或原理组成的。因此，布鲁纳认为，要根据学生智力发展水平，让学生尽早有机会在不同程度上接触和掌握某门学科的基本结构。随着智力的成熟，不断加深这些内容，帮助学生对学科有更深刻和有意义的理解。

例如，幼儿园各年龄班基本都有关于“四季”的教学活动内容，引导幼儿观察、发现四季的基本特征及季节变化对人们生活的影响，逐步形成对四季的认识和有关概念等。幼儿园教师可以围绕“四季”这个主题，为各年龄班选择呈现螺旋式上升结构的教育活动内容。小班可以选择“绿色的春天”“宝宝不怕冷”等活动内容，帮助幼儿感受、发现四季的基本特征；中班可以选择“美丽的桃花”“秋天的落叶”等活动内容，引导幼儿对不同季节的特征及动植物的变化等有进一步的了解和认识；大班可以选择“冬眠的动物”“四季妈妈的四个娃”等更具体化的活动内容。

2. 直线式编排

直线式编排教育活动内容是由加涅提出的。加涅的学习层级理论认为，人的学习形式是从简单到复杂构成一个逐步上升的层级。这个层级的内容依次为信息学习、刺激-反应联结、连锁、言语联结学习、辨别学习、概念学习、原理学习和解决问题学习。因此，加涅认为，要将教育活动内容转化为一系列目标，根据这些目标之间的心理学关系，按照从简单的辨别技能学习到复杂的问题解决技能学习的等级排列教育活动内容。

幼儿园的数学教育活动大都是按照直线式编排组织教育活动内容的。比如，在“认识几何图形”的数学教育活动内容中，各年龄班有着不同的教学内容和要求。小班的活动内容是认识、区分圆形、三角形和正方形，并能进行组合拼搭；中班的活动内容是认识、区分长方形、椭圆形和梯形，并能进行六种图形的组合拼搭；大班的活动内容则从平面图形的学习升级到立体图形的学习，要求能认识、区分球体、正方体、长方体、圆柱体，初步理解平面图形和立体图形的关系等。

3. 渐进分化和综合贯通编排

渐进分化和综合贯通编排教育活动内容是由奥苏贝尔提出的。渐进分化是指首先呈现学科一般性和概括性的概念，其次按细节和具体要求逐渐分化教育内容；综合贯通则强调学科的整体性。值得注意的是，渐进分化和综合贯通两者不是独立、分割的关系，而是相互联系、辩证统一的。

目前，许多幼儿园都在开展综合主题教育活动，对教育活动内容的编排就采用了渐进分化和综合贯通的理念。比如，幼儿对周围环境的认识，小班有“我爱我家”的主题教育活动，包括“我的爸爸妈妈”“我家的房间”“爸爸的领带”“我的好妈妈”“我给奶奶送红花”等一系列活动内容；中班有“探访社区”的主题教育活动，包括“社区里面有什么”“我居住的小区”“社区里的图示”“我是采买小能手”“社区里的叔叔阿姨们”“公园散步”等一系列活动内容；大班有“我们的城市”主题教育活动，包括“城市的声音”“美丽的城市风景”“学说方言”“城市的建筑”“城市变化大”“未来之城”等一系列活动内容。从小班、中班到大班，幼儿对周围环境的认识，在纵向上逐步分化和扩展，在横向上则体现了综合贯通。每个主题都设计了一系列的活动内容，涉及健康、语言、社会、科学、艺术等不同领域，支持和引导幼儿了解周围环境里的建筑、设施、人、标志等，激发幼儿对家人、社区和城市的热爱，纵横相连，形成一个整体，以完成幼儿园教育任务。

（四）幼儿园教育活动内容选择与组织的切入点

1. 从幼儿的兴趣入手

兴趣是幼儿学习的最大动力，选择幼儿感兴趣的活动内容是吸引幼儿注意力的最好推手。从幼儿的兴趣入手来选择和组织教育活动内容体现了生成性的特点。

一方面，教师要能观察、发现幼儿的兴趣，挖掘兴趣点中的教育价值，把握教育契机，及时生成教育活动内容。另一方面，教师要能将必要的教育活动内容转化为幼儿的兴趣。兴趣的出发点和立足点都应当是幼儿自身的发展。

2. 从幼儿的生活入手

幼儿的学习是在游戏和日常生活中进行的。因此，幼儿教师要关注幼儿的生活，挖掘具有教育价值的生活点，以幼儿生活经验为基点来选择和组织教育活动内容。具体包括以下三个方面：①幼儿生活周围自然的事物、现象或变化，如季节变化；②幼儿周围的实践或社会生活的活动，如垃圾分类；③社会和媒体普遍关注，且对幼儿产生重大影响的社会实践或庆典活动，如国庆庆典、奥运会开幕。这些教育活动内容贴近幼儿的生活经验，能激发幼儿的探究兴趣，在学习中幼儿能主动联系已有经验，在已有经验的基础上建构新经验。让教育活动内容来源于幼儿的生活，又回归幼儿的生活，可有效促进幼儿的发展。

3. 从教材入手

教材是根据课程标准编写，系统地呈现学科内容的教学用书，是课程转化为教育活动的中介。教材通常分为学生用书和教师用书两种，是许多幼儿教师，特别是新手教师在选择教育活动内容时的主要参考材料之一。教材能提供给教师一个幼儿园教育活动的内容范围及具体内容，为教师设计和选择教育活动内容提供服务与指南。但是，要把教材转化为真正能促进幼儿发展、适合幼儿兴趣和需要的教育活动内容，不能简单地照搬教材，而是需要教师进行挑选、加工和再次设计。因此，从教材内容的呈现来看，还需要教师通过自己的工作将教材内容蕴含的意义、背景和内在关系转变为幼儿的学习需要与学习过程。

虽然教材为教育活动内容的选择和组织提供了参考与指南，但教材是“死”的文本，而教育活动是一个动态的、充满互动的“活”的过程，是不同情境和不同时空下生成的动态活动，充满着不确定性和差异性。因此，教师从教材入手来选择和组织教育活动内容时，需要根据特定的情况、特定的背景、特定的资源、特定的幼儿进行设计。

资源链接：幼儿园教育活动内容的分类

资源链接：幼儿园教育活动内容的特点

五、任务分工

学生分组及任务分工表

<table>
<tr><td>班级</td><td></td><td>组号</td><td></td><td>指导教师</td><td></td></tr>
<tr><td>组长</td><td></td><td>学号</td><td colspan="3"></td></tr>
<tr><td rowspan="6">组员</td><td>姓名</td><td>学号</td><td>姓名</td><td colspan="2">学号</td></tr>
<tr><td></td><td></td><td></td><td colspan="2"></td></tr>
<tr><td></td><td></td><td></td><td colspan="2"></td></tr>
<tr><td></td><td></td><td></td><td colspan="2"></td></tr>
<tr><td></td><td></td><td></td><td colspan="2"></td></tr>
<tr><td></td><td></td><td></td><td colspan="2"></td></tr>
<tr><td colspan="6">任务分工</td></tr>
<tr><td colspan="6"></td></tr>
</table>

六、任务实施

任务工作单 1

组号：__________ 姓名：__________ 学号：__________ 检索号：1-3-1

引导问题：

请查阅资料，谈谈你对“目标在前，活动在后”这句话的理解。

任务工作单 2

组号：__________ 姓名：__________ 学号：__________ 检索号：1-3-2

引导问题：

以“中国茶”为主题，请为大班幼儿选择教育活动内容，并阐述理由。

要求：①选择的教育活动内容应包含五大领域的内容；②选择的教育活动内容应涉及各类幼儿园教育活动环节，如生活活动、教学活动、游戏活动、区角活动、家园社区活动等。

任务工作单 3

组号：__________　姓名：__________　学号：__________　检索号：1-3-3

引导问题：

各小组间交流讨论，教师参与并指导，调整、完善所选的幼儿教育活动内容。

任务工作单 4

组号：__________ 姓名：__________ 学号：__________ 检索号：1-3-4

引导问题：

（1）每个小组推荐一位小组长，汇报所选的幼儿教育活动内容，借鉴经验，使其完善。

（2）自查、分析存在的不足之处，提出改进方法。

七、评价反馈

评价工作单 1

组号：________　姓名：________　学号：________　检索号：1-3-5

自我评价表

<table>
<tr><td>班级</td><td></td><td>姓名</td><td></td><td>日期</td><td></td></tr>
<tr><td>评价指标</td><td colspan="3">评价内容</td><td>分数</td><td>分数评定</td></tr>
<tr><td>信息收集能力</td><td colspan="3">是否能有效利用网络、图书等资源，查找相关信息；是否能将查到的信息有效地传递到学习中</td><td>10分</td><td></td></tr>
<tr><td>感知课堂学习</td><td colspan="3">是否能在学习中获得满足感和认同感</td><td>10分</td><td></td></tr>
<tr><td rowspan="2">学习态度、沟通能力</td><td colspan="3">是否积极主动与教师、同学交流，相互尊重、理解；与教师、同学之间是否能保持多向、丰富、适宜的信息交流</td><td>5分</td><td rowspan="2"></td></tr>
<tr><td colspan="3">是否能处理好合作学习和独立思考的关系，做到有效学习；是否能提出有意义的问题或发表个人见解</td><td>5分</td></tr>
<tr><td rowspan="2">知识、能力获得情况</td><td colspan="3">是否能理解幼儿园教育活动内容与活动目标的关系</td><td>20分</td><td rowspan="2"></td></tr>
<tr><td colspan="3">是否知道幼儿园教育活动内容选择切入点依据及方向；是否能遵循幼儿园教育活动内容选择的原则，选择适宜的幼儿园教育活动内容</td><td>25分</td></tr>
<tr><td>思维能力</td><td colspan="3">是否能发现问题、提出问题、分析问题、解决问题、创新问题</td><td>10分</td><td></td></tr>
<tr><td>自我反思</td><td colspan="3">是否能按时保质完成任务；是否较好地掌握了知识点；是否具有较为全面、严谨的思维能力，能有条理地梳理观点并形成文字</td><td>15分</td><td></td></tr>
<tr><td colspan="4">评价分数</td><td colspan="2"></td></tr>
<tr><td rowspan="2">总体提炼</td><td>优点</td><td colspan="4"></td></tr>
<tr><td>不足</td><td colspan="4"></td></tr>
</table>

评价工作单 2

组号：__________ 姓名：__________ 学号：__________ 检索号：1-3-6

小组内互评验收表

<table>
<tr><td>组长</td><td></td><td>组名</td><td></td><td>日期</td><td></td></tr>
<tr><td>验收成员姓名</td><td colspan="5"></td></tr>
<tr><td>任务要求</td><td colspan="5">理解幼儿园教育活动目标与活动内容之间的关系；熟悉幼儿教育活动内容的编排，掌握幼儿园教育活动内容选择与组织的切入点；能遵循幼儿园教育活动内容选择的原则，选择幼儿园教育活动内容。任务完成过程中，至少包含5份文献检索清单</td></tr>
<tr><td rowspan="2">文档验收清单</td><td colspan="5">被验收者任务工作单1-3-1、1-3-2、1-3-3、1-3-4</td></tr>
<tr><td colspan="5">文献检索清单</td></tr>
<tr><td>评价指标</td><td colspan="3">评价内容</td><td>分数</td><td>分数评定</td></tr>
<tr><td>信息收集能力</td><td colspan="3">该同学是否能有效利用网络、图书等资源，查找相关信息；是否能将查到的信息有效地传递到学习中</td><td>10分</td><td></td></tr>
<tr><td>感知课堂学习</td><td colspan="3">该同学是否能在学习中获得满足感和认同感</td><td>10分</td><td></td></tr>
<tr><td rowspan="2">学习态度、沟通能力</td><td colspan="3">该同学是否能积极主动与教师、同学交流，相互尊重、理解；与教师、同学之间是否能保持多向、丰富、适宜的信息交流</td><td>5分</td><td></td></tr>
<tr><td colspan="3">该同学是否能处理好合作学习和独立思考的关系，做到有效学习；是否能提出有意义的问题或发表个人见解</td><td>5分</td><td></td></tr>
<tr><td rowspan="2">知识、能力获得情况</td><td colspan="3">该同学是否能查阅资料，思考和理解幼儿园教育活动内容与活动目标的关系，并提供文献检索清单（若少于5项，缺1项扣1分）</td><td>20分</td><td></td></tr>
<tr><td colspan="3">该同学是否能遵循幼儿园教育活动内容选择的原则，选择适宜的幼儿园教育活动内容，活动内容应涵盖五大领域</td><td>25分</td><td></td></tr>
<tr><td>思维能力</td><td colspan="3">该同学是否能发现问题、提出问题、分析问题、解决问题、创新问题</td><td>10分</td><td></td></tr>
<tr><td>自我反思</td><td colspan="3">该同学是否能按时保质完成任务；是否较好地掌握了知识点；是否具有较为全面、严谨的思维能力，能有条理地梳理观点并形成文字</td><td>15分</td><td></td></tr>
<tr><td colspan="5">评价分数</td><td></td></tr>
<tr><td>该同学的不足之处</td><td colspan="5"></td></tr>
<tr><td>有针对性的改进建议</td><td colspan="5"></td></tr>
</table>

评价工作单 3

组号：________　姓名：________　学号：________　检索号：1-3-7

小组间互评验收表

<table>
<tr><td>验收组长</td><td></td><td>验收组号</td><td></td><td>日期</td><td></td></tr>
<tr><td>验收成员姓名</td><td colspan="5"></td></tr>
<tr><td rowspan="2">验收组完成的资料清单</td><td colspan="5">被验收者任务工作单 1-3-1、1-3-2、1-3-3、1-3-4</td></tr>
<tr><td colspan="5">文献检索清单</td></tr>
<tr><td>评价指标</td><td colspan="3">评价内容</td><td>分数</td><td>分数评定</td></tr>
<tr><td rowspan="3">汇报表述</td><td colspan="3">表述是否清晰准确</td><td>15 分</td><td rowspan="3"></td></tr>
<tr><td colspan="3">语言是否流畅，普通话是否标准</td><td>10 分</td></tr>
<tr><td colspan="3">是否能准确汇报该小组完成情况</td><td>15 分</td></tr>
<tr><td rowspan="2">内容正确度</td><td colspan="3">内容是否正确</td><td>30 分</td><td rowspan="2"></td></tr>
<tr><td colspan="3">句型表达是否到位</td><td>30 分</td></tr>
<tr><td colspan="4">评价分数</td><td colspan="2"></td></tr>
<tr><td>简要评述</td><td colspan="5"></td></tr>
</table>

评价工作单 4

组号：________ 姓名：________ 学号：________ 检索号：1-3-8

任务完成情况评价表

<table>
<tr><td>任务名称</td><td colspan="2"></td><td>组名</td><td></td><td>总得分</td><td></td></tr>
<tr><td>评价依据</td><td colspan="6">学生完成的任务工作单1-3-1、1-3-2、1-3-3、1-3-4</td></tr>
<tr><td>评价内容</td><td>评价要点</td><td colspan="3">考查要点</td><td>分数</td><td>分数评定</td></tr>
<tr><td rowspan="2">查阅文献情况</td><td rowspan="2">任务实施过程中文献查阅</td><td colspan="3">是否查阅文献资料不少于5份（缺1份扣1分）</td><td rowspan="2">20分</td><td rowspan="2"></td></tr>
<tr><td colspan="3">是否正确运用信息资料（描述错误扣2分）</td></tr>
<tr><td rowspan="2">互动交流情况</td><td rowspan="2">小组内交流，教学互动</td><td colspan="3">是否在小组内与其他成员积极交流，大胆表达自己的观点（酌情给分）</td><td rowspan="2">30分</td><td rowspan="2"></td></tr>
<tr><td colspan="3">是否愿意接受教师指导，或在遇到困难时，是否能主动寻求教师的帮助（酌情给分）</td></tr>
<tr><td rowspan="2">任务完成情况</td><td>规定时间内的完成度</td><td colspan="3">是否能在规定时间内完成任务（如没在规定时间内完成，则酌情扣分）</td><td>20分</td><td rowspan="2"></td></tr>
<tr><td>任务完成的正确度</td><td colspan="3">任务完成的正确性（错误1个点扣2分）</td><td>30分</td></tr>
<tr><td colspan="5">评价分数</td><td colspan="2"></td></tr>
<tr><td>简要评论</td><td colspan="6"></td></tr>
</table>

模块二　认识幼儿园教育活动设计

图2-1-1是大班主题活动“我是中国人”的主题网络图，反映出教师根据大班幼儿的年龄特点和需要，围绕主题“我是中国人”设计、实施的教育活动内容和方式，展示了教师对各主题层级之间逻辑关系的理解。

要设计、组织和实施幼儿园教育活动，首先要理解幼儿园教育活动设计的含义，学习幼儿园教育活动设计的原则、方法，了解幼儿园教育活动设计的理论基础，懂得利用相关环境和教育资源，并掌握幼儿园教育活动组织与指导的原则及策略。在此基础上，认同幼儿园教育活动设计与指导的价值取向，逐步树立科学的幼儿园教育活动观。

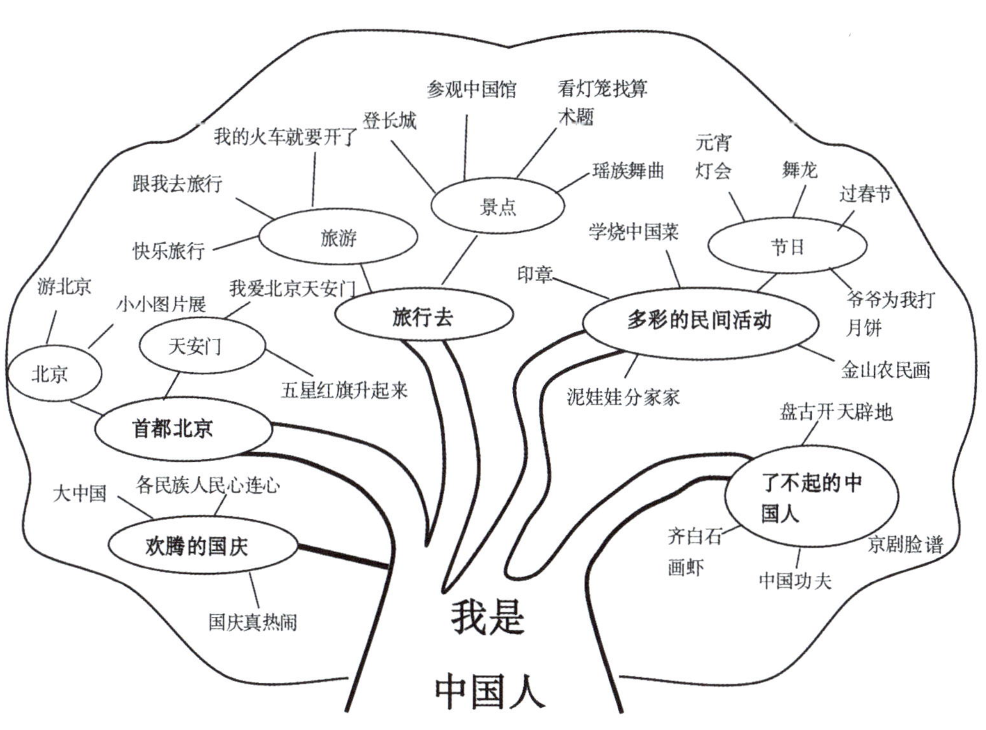

图2-1-1　大班主题活动“我是中国人”的主题网络图

任务一　幼儿园教育活动设计原则及基本模式

一、任务描述

认识幼儿园教育活动设计；说明幼儿园教育活动设计的含义、特点、意义、原则及基本模式，了解幼儿园教育活动设计的基本步骤。

二、学习目标

（一）知识目标

（1）了解幼儿园教育活动设计的含义及特点。
（2）知道幼儿园教育活动设计的基本思路。

（二）能力目标

（1）掌握幼儿园教育活动设计的原则，并能遵循。
（1）掌握幼儿园教育活动设计的四种基本模式，并能尝试设计各类学习模式的幼儿园教育活动。

（三）素养目标

（1）认同幼儿园教育活动设计的意义与价值，初步树立正确的幼儿园教育活动观。
（2）乐于思考，以严谨细致的态度设计幼儿园教育活动。

三、任务分析

（1）重点：掌握幼儿园教育活动设计的原则及基本模式。
（2）难点：理解幼儿园教育活动设计的四种基本模式。

四、相关知识链接

（一）幼儿园教育活动设计的含义

幼儿园教育活动设计是指为有效支持和促进儿童内部学习，对学习过程和学习资源进行系统安排与规划，分析儿童学习需要并拟定学习目标，以形成满足儿童发展的互动系统的全过程。幼儿园教育活动设计包含对幼儿园教育活动学习目标的设定，对学习对象、学习需要的分析，对学习情境的发展，对学习资源的开发和利用，对学习过程的安排和调整，对学习行为的预测和评估等。教育者进行幼儿园教育活动设计的目的，是确保幼儿园教育活动的质量和实现特定的教育目标，是在一定学习理论和教学理论指导下对教育活动的系统规划过程。

（二）幼儿园教育活动设计的特点

与一般设计相比，幼儿园教育活动设计具有以下特点。

1. 技术性

幼儿园教育活动设计是一个富有创造性和具有重要责任的技术过程。教师需要对幼儿园教育活动目标、形式及方法、评价、资源开发等方面进行设计和规划，以激发儿童的学习兴趣，使儿童获得特定的学习经验，提高学习效率，保证学习质量。

2. 创造性

幼儿园教育活动设计是兼容创造性、学科性、决策性的研究活动，是设计者背景、经验、知识范畴等因素综合作用的产物。为了达到教学效果最优化，在进行幼儿园教育活动设计的过程中，设计者需要主动构思、不断创造。因此，幼儿园教育活动设计往往带有设计者本身的主观性，反映的是设计者的设计观念。

3. 广泛性

幼儿园教育活动设计包含一系列的广泛活动，目的是支持儿童的学习，确保学习顺利且有效地完成。幼儿园教育活动设计包含对教育方法的选择、对教学的监测及维持、对教育活动环境和材料的设计等方面，是与很多发展活动密不可分、交叉联系、不断派生的系统过程，具有广泛性。

（三）幼儿园教育活动设计的原则

幼儿园教育活动设计是教师有目的、有计划地开展的一项创造性工作，目的是促进儿童身心健康、全面发展。因此，为了促使幼儿园教育活动设计能科学合理且有效，它需要遵循以下基本原则和指导思想。

1. 发展性原则

幼儿园教育活动设计的发展性原则，是指教师在进行幼儿园教育活动设计时，要把握到幼儿的年龄特点和已有的发展水平，并在此基础上，考虑促进幼儿在身体、认知、情感、个性及社会性等方面的全面、整体发展。因此，教师要做到以下几点。一是要充分了解幼儿的兴趣和需要，并以此为切入点确定活动目标、选择活动内容。二是要把握最近发展区，以促进幼儿发展为出发点进行活动设计，既不任意拔高，也不盲目滞后。三是要尊重幼儿发展的个体差异性，为每位幼儿提供充分的机会，促使每位幼儿在不同水平上得到发展，切忌用“一把尺子”衡量所有幼儿的发展。四是要以促进儿童的发展为落脚点。幼儿园教育活动设计的核心是发展，既包括促进幼儿在原有基础上的发展，也包括幼儿的长远发展，为幼儿今后的学习和终身发展奠定良好的基础；既包括幼儿身体上的发展，也包括幼儿在认识、情感个性及社会性等方面的发展。

2. 主体性原则

幼儿园教育活动是教师和幼儿共同参与、相互配合的，两者都是幼儿园教育活动的主体。因此，幼儿园教育活动设计的主体性原则是针对教师的角色和工作而言的。一方面，教师在进行幼儿园教育活动设计时，要以幼儿为主体，在活动内容和形式上注重激发幼儿能动性、自主性和创造性，让幼儿真正成为自己学习和发展的主体。另一方面，要发挥教师的主体性。强调幼儿在幼儿园教育活动中的自主性、能动性和创造性并不意味着教师无所事事，教师要正确认识自身角色及其对幼儿学习与活动的指导。教师主体性的发挥主要体现在以下三个方面：首先，教师要以饱满的热情和积极的态度融入幼儿园教育活动中，创设平等、宽松、民主、自由的活动环境，在满足幼儿需要的同时潜移默化地发展幼儿的自主性；其次，教师要明确自己是儿童学习和活动的支持者、指导者、合作者、参与者、组织者，在幼儿园教育活动中积极与幼儿交流或互动，为幼儿提供直接、间接的指导，以及“隐性的支持”，促进幼儿的学习和发展。

3. 整合性

幼儿园教育活动设计的整合性原则，是指将不同领域的内容、不同的学习形式与方法有机整合，将其作为一个相互联系、相互渗透、不可分割的完整体系来对待，实现幼儿全面发展的目标。整合性原则主要体现在以下两个方面。一是教育活动内容的相互渗透和整合。幼儿园教育活动是以幼儿生活经验为基础的综合式、主题式活动，活动内容涉及健康、语言、社会、科学、艺术五大领域，将不同领域的内容以主题方式加以整合，使其在一个或若干个教育活动中相互渗透，这样既符合幼儿的年龄特点，又符合幼儿的认知特点，能有效、综合地形成发展幼儿的合力。二是教育活动形式的相互渗透和整合。幼儿园教育活动设计要将不同的学习形式和手段加以整合，一方面，要将不同的学习形式与方法相互渗透和组合，注重运用感知、操作、体验、游戏、表现、创造等不同的学习形式，帮助幼儿更好地把握活动内容获得学习经验；另一方面，要将集体进行的、正式的教育活动形式与个别选择、非正式的教育活动形式加以整合和渗透。

4. 开放性

为了保证幼儿园教育活动的效果，实现活动的目标，在幼儿园教育活动设计中教师对活动的内容和形式、环境和资源等各方面做了预先的筹备、精心的规划，即对教育活动进行了必要的预设。同时，教师还要关注活动过程中幼儿的兴趣和需要，给幼儿园教育活动设计留有足够的开放空间，为幼儿偶发的、自然生成的、即时体验的活动而准备，这就是开放性原则。

5. 科学性原则

幼儿园教育活动设计的科学性原则，是指教师在幼儿园教育活动设计中要秉持科学严谨的态度，活动目标的确立、活动内容的选择、活动形式及方法的运用、活动环境及资源的利用都要科学合理且符合客观规律，传递积极向上的价值观念。这就要求幼儿教师要不断更新自己的知识结构，树立终身学习的发展理念，更好地适应教师职业的要求，适应自身生存和发展的需要，科学严谨地应对幼儿提出的各种问题，满足幼儿发展的兴趣和需要，促进幼儿全面发展。

（四）幼儿园教育活动设计的基本模式

1. 探究式学习

探究式学习是指以学生自主发现、探究和解决问题为主的学习方式。即学生围绕问题开展一系列的自主探究活动，包括观察、提问、操作、实验、假设、讨论、验证、合作、交流、推理、预测、归纳等。探究式学习是我国当前课程改革中在各学段大力提倡的一种学习模式，能培养学生发现问题、研究问题、解决问题的能力，提高学生的创新精神和全面素质。

幼儿园教育活动中的探究型活动是围绕一个主题（既可是教师预设的，也可是幼儿生成的），展开的幼儿自主探索、合作交流、操作实验、质疑解惑为过程的活动，具有自主性、开放性和过程性的特点。探究式学习能满足幼儿探究的兴趣，通过亲身体验，幼儿学习并获得有效的探究方法和手段；能促进幼儿积极思维，培养发现问题和解决问题的能力；能促进知识的整合，提高幼儿学以致用的能力；有利于幼儿科学态度和科学精神的养成。

2. 合作式学习

合作式学习是一种富有创意和实效的教学理论与策略体系，合作式学习让学习活动成为小组共同的活动，小组成员成为学习共同体。具体来说，合作式学习可以从以下四个方面来理解。首先，合作式学习以学习小组为基本形式，而这种小组更强调的是一种异质小组。所谓“异质小组”，是指小组成员的性别、能力、成绩、背景等方面要有一定的差异性。其次，合作式学习是强调合作互动，强调小组成员间要进行积极的互动，以推进教学进程。再次，合作式学习是以达成共同活动目标为导向的，整个教学活动都是围绕着特定的活动目标而展开的。最后，合作式学习是以小组团体成绩作为奖励和评价依据的。因此，合作式学习有利于培养幼儿的合作意识，提高幼儿合作能力，有助于建立和谐融洽的师幼关系和幼幼关系。

互动是合作式学习的主要特征之一，因此，根据互动主体与互动形式的不同，合作式学习可以分为：①师幼互动为主的合作式学习，即教师以合作者和参与者的角色，加入幼儿的学习和探究活动中，通过与幼儿对话、质疑、协商等推动幼儿的学习；②幼幼互动为主的合作式学习，即教师创设以异质小组为单位的幼儿学习小组，鼓励小组成员间积极沟通交流、共同合作完成学习任务的教育活动形式；③全员互动为主的合作式学习，即教师与幼儿组成一个学习共同体，彼此积极互动、合作交流、共享经验，共同完成一个学习任务，实现学习目标。

3. 体验式学习

体验式学习是指学习者亲身投入实践活动，在实践中体验、感悟、认知，从而获得新的经验、能力和态度的学习模式。在体验式学习过程中，强调学习者在实践与一定情境中的主体参与和亲身经历，追求学习过程对学习者的意义。与传统的学习方式相比，体验式学习并不仅是教师单方面的知识点传授，更多的是教师借助教具材料，为学习者创造各种能身临其境的学习情境，激发学习兴趣和积极性，产生自主学习的意识，引导学生从体验中感悟、从实践中学习，从而实现教学活动的目标。因此，体验式学习具有情境性、亲历性的特点，能提高教学活动的有效性，推动教学活动目标的最终实现。

4. 接受式学习

接受式学习是指学生掌握教师或教材呈现的现成知识而获得学习经验的一种学习方式，强调以直观的形式呈现学习内容。与发现式学习相比，接受式学习的内容具有确定性，学习者通过教师对知识点的讲解或对教材内容的理解，获取新的知识经验，丰富自身的认知结构。因此，在接受式学习中，学生不需要对学习内容进行独立、自主地发现和探究。

值得注意的是，接受式学习并不等同于机械式学习、被动学习，而是一种有意义的接受式学习。接受式学习以学生的认知结构为基础，关注学生在学习过程中的理解。当代著名心理学家奥苏贝尔提出，学习过程是基于学习者原有认知结构而产生的，也就是说，新的学习过程是在过去的学习基础上产生的，新的学习要与过去的有关知识相互联系、相互作用，转化为主体的知识结构。在学习中，学习者主要通过口头和书面的言语获得间接经验与理解知识的意义，进而接受系统的知识。当然，一种有意义的接受式学习是以学习者的兴趣和需要为前提的，要能激发学习者的内部动机。因此，教师要充分把握幼儿的特点，呈现具有潜在意义的学习材料和工具，激发其学习兴趣和动机，促进幼儿对教师所呈现知识的理解、加工和内化，建立起新知识与原有认知结构间的联系，最后纳入幼儿的认知结构中，并能进行灵活运用和有效迁移。

（五）幼儿园教育活动设计的基本步骤

1. 分析幼儿的需要和发展特点

对幼儿的需要和发展特点的分析，是进行幼儿园教育活动设计的第一步，也是进行幼儿园教育活动设计的基础。首先，教师要观察分析幼儿，了解幼儿的兴趣与实际发展需求，分析幼儿已有的生活经验和发展水平；其次，教师要把握各年龄阶段幼儿发展的普遍需求，要熟悉《3～6岁儿童学习与发展指南》及《幼儿园教育指导纲要（试行）》等文件要求；最后，教师需要依据社会需要设计幼儿园教育活动，幼儿教育在顺应幼儿自然发展的同时，还要将幼儿发展纳入社会需要的轨道。和其他学校教育一样，我国幼儿教育也是为了培养未来的社会主义建设者和接班人，因此要考虑社会对人才培养的需要。

2. 确定幼儿园教育活动目标

教师要能结合所在班级幼儿实际发展情况与特点，依据幼儿园教育活动目标的体系结构，将保教目标层层分解具体化，明确在幼儿园教育活动中要帮助幼儿学到什么，达成什么样的教育目的，以此来确定科学合理、具体的幼儿园教育活动目标。

3. 选择幼儿园教育活动内容

在选择幼儿园教育活动内容时，要综合考虑以下三个方面。一是幼儿园教育活动的目标。活动内容是为实现活动目标服务的，活动内容的选择和编排要以实现活动目标为原则，保持与活动目标的一致性。二是幼儿的兴趣及发展特点。幼儿园教育活动内容的选择要以幼儿的实际发展水平和兴趣为依据，选择贴近幼儿生活经验，并能激发幼儿求知欲和探索欲的内容。三是社会发展需要。幼儿教育是面向未来的奠基教育，是为了帮助幼儿学会学习，幼儿园教育活动内容的选择要顺应社会发展的需要，要能反映社会文化的进步、反映最新的科学技术成果。

4. 设计撰写幼儿园教育活动方案

在选择、分析完幼儿园教育活动内容后，教师就需要撰写幼儿园教育活动方案，包括确定活动类型、设计活动过程、选择活动方法、做好活动前的准备等。

首先，确定活动类型，教师要基于对幼儿园教育活动内容的分析，围绕幼儿园教育活动目标，确定最适合本次活动内容和活动目标的活动类型，但要注意不同性质和不同类型活动间的相互平衡。同时，还需要考虑活动的组织形式，一般有集体活动、小组活动和个别活动三种。

其次，设计活动过程，即教师需要构思整个活动实施和组织的流程，做具体详细的计划和安排。一个具体的幼儿园教育活动过程包括开始部分、基本部分和结束部分。如果是一个主题单元活动，教师则需要按照活动开展的时间顺序，从易到难、由浅入深地计划和安排一系列的教育活动，列出教学进度表，并设计每个活动的具体方案。

再次，选择活动方法。幼儿园教育活动的方法，是实现教育目标采用的具体方式和手段，包括教师在活动中指导幼儿的方法，以及幼儿在活动中采用的学习方法。常见的活动方法有讲解法、谈话法、讨论法、示范法、表演法、游戏法、练习法等。由于活动目标的多层次性和活动环节的多样性，往往教师在活动中会选择几种能相互补充、有机结合的活动方法。

最后，在撰写幼儿园教育方案时，要考虑活动进行所需的物质准备和经验准备。物质准备包括活动中需要使用的材料，以及对空间环境的要求；经验准备主要包括教师所需具备的相关知识，以及幼儿需要事先具备的与该活动相关的知识、能力和技能等经验。

5. 选择可利用的教育资源

教育资源是保障各种教育活动顺利进行的条件，包括人力、财力、物力等，以及能保证这些因素得到发挥的政策、制度和环境等条件。在设计幼儿园教育活动时，教师为更好地实现活动的目标，保障活动的顺利进行，要充分挖掘和分析各类可利用的教育资源，提高活动效果。

6. 准备评估指标

为了教师能更好地评价活动的实施效果，了解幼儿的学习和发展水平，帮助教师设计接下来的教育活动，就需要在进行幼儿园教育活动设计时，考虑并准备活动的各项评估指标。

以上六个步骤就是幼儿园教育活动设计的基本步骤，把每个步骤的内容完成就形成了完整的幼儿园教育活动设计。

资源链接：幼儿园教育活动设计的意义

资源链接：幼儿园教育活动的设计

五、任务分工

学生分组及任务分工表

<table>
<tr><td>班级</td><td></td><td>组号</td><td></td><td>指导教师</td><td></td></tr>
<tr><td>组长</td><td></td><td>学号</td><td colspan="3"></td></tr>
<tr><td rowspan="6">组员</td><td>姓名</td><td>学号</td><td>姓名</td><td colspan="2">学号</td></tr>
<tr><td></td><td></td><td></td><td colspan="2"></td></tr>
<tr><td></td><td></td><td></td><td colspan="2"></td></tr>
<tr><td></td><td></td><td></td><td colspan="2"></td></tr>
<tr><td></td><td></td><td></td><td colspan="2"></td></tr>
<tr><td></td><td></td><td></td><td colspan="2"></td></tr>
<tr><td colspan="6">任务分工</td></tr>
<tr><td colspan="6"></td></tr>
</table>

六、任务实施

任务工作单 1

组号：________ 姓名：________ 学号：________ 检索号：2-1-1

引导问题：

（1）谈谈你认为什么是幼儿园教育活动设计。

（2）幼儿园教育活动设计有哪些特点？

（3）如何理解幼儿园教育活动设计的意义？

任务工作单 2

组号：__________　姓名：__________　学号：__________　检索号：2-1-2

引导问题：

（1）幼儿园教育活动设计的原则有哪些？

（2）扫描右侧二维码，分析案例体现了哪些幼儿园教育活动设计的原则？

案例分析：水油混合实验

任务工作单 3

组号：__________ 姓名：__________ 学号：__________ 检索号：2-1-3

引导问题：

以大班“我要上小学”主题为内容，选择一种学习模式（探究式学习、合作式学习、体验式学习、接受式学习），尝试设计一项幼儿园教育活动。

任务工作单 4

组号：________ 姓名：________ 学号：________ 检索号：2-1-4

引导问题：

（1）小组间讨论，教师参与并指导，确定任务工作单2-1-1、2-1-2的最优答案，并检讨自己存在的不足之处。

（2）小组间交流讨论，教师参与，调整、完善任务工作单2-1-3中幼儿园教育活动的设计。

任务工作单 5

组号：__________ 姓名：__________ 学号：__________ 检索号：2-1-5

引导问题：

每个小组推荐一位小组长进行汇报，借鉴经验，再次检讨自己存在的不足之处，完善并形成最终的幼儿园教育活动设计。

七、评价反馈

评价工作单 1

组号：＿＿＿＿　姓名：＿＿＿＿　学号：＿＿＿＿　检索号：2-1-6

自我评价表

<table>
<tr><td>班级</td><td></td><td>姓名</td><td></td><td>日期</td><td></td></tr>
<tr><td>评价指标</td><td colspan="3">评价内容</td><td>分数</td><td>分数评定</td></tr>
<tr><td>信息收集能力</td><td colspan="3">是否能有效利用网络、图书等资源，查找相关信息；是否能将查到的信息有效地传递到学习中</td><td>10分</td><td></td></tr>
<tr><td>感知课堂学习</td><td colspan="3">是否能在学习中获得满足感和认同感</td><td>10分</td><td></td></tr>
<tr><td rowspan="2">学习态度、沟通能力</td><td colspan="3">是否积极主动与教师、同学交流，相互尊重、理解；与教师、同学之间是否能保持多向、丰富、适宜的信息交流</td><td>5分</td><td rowspan="2"></td></tr>
<tr><td colspan="3">是否能处理好合作学习和独立思考的关系，做到有效学习；是否能提出有意义的问题或发表个人见解</td><td>5分</td></tr>
<tr><td rowspan="3">知识、能力获得情况</td><td colspan="3">是否了解幼儿园教育活动设计的含义、特点</td><td>10分</td><td rowspan="2"></td></tr>
<tr><td colspan="3">是否掌握幼儿园教育活动设计的原则，并能运用分析案例</td><td>15分</td></tr>
<tr><td colspan="3">是否理解幼儿园教育活动设计的四种基本模式，并能初步运用于设计幼儿园教育活动，认同幼儿园教育活动设计的价值与意义</td><td>20分</td><td></td></tr>
<tr><td>思维能力</td><td colspan="3">是否能发现问题、提出问题、分析问题、解决问题、创新问题</td><td>10分</td><td></td></tr>
<tr><td>自我反思</td><td colspan="3">是否能按时保质完成任务；是否较好地掌握了知识点；是否具有较为全面、严谨的思维能力，能有条理地梳理观点并形成文字</td><td>15分</td><td></td></tr>
<tr><td colspan="4">评价分数</td><td colspan="2"></td></tr>
<tr><td rowspan="2">总体提炼</td><td>优点</td><td colspan="4"></td></tr>
<tr><td>不足</td><td colspan="4"></td></tr>
</table>

评价工作单 2

组号：__________ 姓名：__________ 学号：__________ 检索号：2-1-7

小组内互评验收表

组长		组名		日期	

验收成员姓名			
任务要求	幼儿园教育活动含义、特点及类型的认知，幼儿园教育活动内涵的认知，辨析幼儿园教育活动与幼儿园课程的关系。任务完成过程中，至少包含5份文献检索清单		
文档验收清单	被验收者任务工作单2-1-1、2-1-2、2-1-3、2-1-4、2-1-5		
	文献检索清单		
评价指标	评价内容	分数	分数评定
信息收集能力	该同学是否能有效利用网络、图书等资源，查找相关信息；是否能将查到的信息有效地传递到学习中	10分	
感知课堂学习	该同学是否能在学习中获得满足感和认同感	10分	
学习态度、沟通能力	该同学是否能积极主动与教师、同学交流，相互尊重、理解；与教师、同学之间是否能保持多向、丰富、适宜的信息交流	5分	
	该同学是否能处理好合作学习和独立思考的关系，做到有效学习；是否能提出有意义的问题或发表个人见解	5分	
知识、能力获得情况	该同学是否了解幼儿园教育活动设计的含义、特点及意义	10分	
	该同学是否掌握幼儿园教育活动设计的原则，并能运用分析案例	15分	
	该同学是否理解幼儿园教育活动设计的四种基本模式，能初步运用于设计幼儿园教育活动。提供文献检索清单（若少于5项，缺1项扣1分）	20分	
思维能力	该同学是否能发现问题、提出问题、分析问题、解决问题、创新问题	10分	
自我反思	该同学是否能按时保质完成任务；是否较好地掌握了知识点；是否具有较为全面严谨的思维能力，能有条理地梳理观点并形成文字	15分	
评价分数			
该同学的不足之处			
有针对性的改进建议			

评价工作单 3

组号：________ 姓名：________ 学号：________ 检索号：2-1-8

小组间互评验收表

<table>
<tr><td>验收组长</td><td></td><td>验收组号</td><td></td><td>日期</td><td></td></tr>
<tr><td>验收成员姓名</td><td colspan="5"></td></tr>
<tr><td rowspan="2">验收组完成的资料清单</td><td colspan="5">被验收者任务工作单2-1-1、2-1-2、2-1-3、2-1-4、2-1-5</td></tr>
<tr><td colspan="5">文献检索清单</td></tr>
<tr><td>评价指标</td><td colspan="3">评价内容</td><td>分数</td><td>分数评定</td></tr>
<tr><td rowspan="3">汇报表述</td><td colspan="3">表述是否清晰准确</td><td>15分</td><td rowspan="3"></td></tr>
<tr><td colspan="3">语言是否流畅，普通话是否标准</td><td>10分</td></tr>
<tr><td colspan="3">是否能准确汇报该小组完成情况</td><td>15分</td></tr>
<tr><td rowspan="2">内容正确度</td><td colspan="3">内容是否正确</td><td>30分</td><td rowspan="2"></td></tr>
<tr><td colspan="3">句型表达是否到位</td><td>30分</td></tr>
<tr><td colspan="4">评价分数</td><td colspan="2"></td></tr>
<tr><td colspan="2">简要评述</td><td colspan="4"></td></tr>
</table>

评价工作单 4

组号：＿＿＿＿＿ 姓名：＿＿＿＿＿ 学号：＿＿＿＿＿ 检索号：2-1-9

任务完成情况评价表

<table>
<tr><td>任务名称</td><td></td><td>组名</td><td></td><td>总得分</td><td></td></tr>
<tr><td>评价依据</td><td colspan="5">学生完成的任务工作单2-1-1、2-1-2、2-1-3、2-1-4、2-1-5</td></tr>
<tr><td>评价内容</td><td>评价要点</td><td colspan="2">考查要点</td><td>分数</td><td>分数评定</td></tr>
<tr><td rowspan="2">查阅文献情况</td><td rowspan="2">任务实施过程中文献查阅</td><td colspan="2">是否查阅文献资料不少于5份（缺1份扣1分）</td><td rowspan="2">20分</td><td rowspan="2"></td></tr>
<tr><td colspan="2">是否正确运用信息资料（描述错误扣2分）</td></tr>
<tr><td rowspan="2">互动交流情况</td><td rowspan="2">小组内交流，教学互动</td><td colspan="2">是否在小组内与其他成员积极交流，大胆表达自己的观点（酌情给分）</td><td rowspan="2">30分</td><td rowspan="2"></td></tr>
<tr><td colspan="2">是否愿意接受教师指导，或在遇到困难时，是否能主动寻求教师的帮助（酌情给分）</td></tr>
<tr><td rowspan="2">任务完成情况</td><td>规定时间内的完成度</td><td colspan="2">是否能在规定时间内完成任务（如没在规定时间内完成，则酌情扣分）</td><td>20分</td><td rowspan="2"></td></tr>
<tr><td>任务完成的正确度</td><td colspan="2">任务完成的正确性（错误1个点扣2分）</td><td>30分</td></tr>
<tr><td colspan="4">评价分数</td><td colspan="2"></td></tr>
<tr><td>简要评论</td><td colspan="5"></td></tr>
</table>

任务二　幼儿园教育活动中环境的创设及教育资源的利用

一、任务描述

以大班“我爱祖国”主题为例，谈谈你对幼儿园教育活动环境创设及教育资源利用的基本思路和想法。

二、学习目标

（一）知识目标

（1）了解幼儿园教育活动中环境的含义及分类。

（2）了解教育资源的含义及种类。

（二）能力目标

（1）掌握幼儿园教育活动中环境创设的原则，初步能创设有利于儿童发展的各类教育环境。

（2）掌握教育资源开发和利用的思路，能挖掘和有效利用各类教育资源。

（三）素养目标

认同环境创设和资源利用的教育价值，初步树立正确的环境观。

三、任务分析

（1）重点：能创设有利于儿童发展的各类教育环境，挖掘和有效利用各类教育资源。

（2）难点：掌握幼儿园教育活动中环境创设和教育资源利用的原则和基本思路，综合利用各类环境和教育资源促进儿童发展。

四、相关知识链接

资源链接：环境与儿童

（一）幼儿园环境的含义

《幼儿园教育指导纲要（试行）》指出：“环境是重要的教育资源，应通过环境的创设和利用，有效地促进幼儿的发展。”因此，幼儿园环境在本质上是教育环境，幼儿园的空间、设施、材料、规则要求等要有利于引发和满足幼儿通过直接感知、实际操作与亲身体验获取经验的需要。

幼儿园环境的概念有广义和狭义之分。广义上的幼儿园环境，是指幼儿园教育赖以进行的一切条件的总和。它既包括幼儿园内部小环境，也包括家庭、社会、自然、文化等与幼儿园教育有关的大环境。狭义上的幼儿园环境，是指在幼儿园中对幼儿身心发展产生影响的一切物质与精神要素的总和。它涵盖幼儿园的全体工作人员、幼儿、幼儿园房舍、设施设备、空间布局及各种信息要素。这也是本书理解和采用的幼儿园环境的概念。

（二）幼儿园环境的分类

资源链接：幼儿园环境创设的原则

幼儿园环境包括物质环境和精神环境两个方面。

1. 物质环境

物质环境是有形可视的，包括幼儿园所有室内外的物质条件，反映了幼儿园的硬件情况，分为室外物质环境和室内物质环境两大类。

幼儿园室外物质环境是指除幼儿园房舍建筑外的户外场地，主要包括幼儿园大门、户外园所景观、各类户外活动场。

幼儿园室内物质环境包括室内公共环境（如门厅、走廊、楼梯间、多功能活动室等）以及班级环境两大类。室内物质环境创设应科学合理，富有感染力，为幼儿的身心健康发展提供重要保证。

2. 精神环境

精神环境是无形可感的，与幼儿园物质环境相比，精神环境更加复杂和难以把握，主要包括幼儿园人际环境和园所文化环境两个方面。

人际环境是指幼儿园中的各种人际关系，包括师幼关系、幼幼关系、干群关系、同事关系，以及家园关系。

园所文化环境主要包括物质文化、制度文化和精神文化。如幼儿园的教育理念，园本课程等内容。

精神环境虽然看不见，但影响着幼儿认知、情感与社会性等方面的发展。幼儿园物质环境创设目标的实现，在很大程度上取决于幼儿园精神环境的创设，取决于幼儿与教师、幼儿与幼儿、教师与家长之间相互作用的方式及关系。可以说，在幼儿园环境中，物质环境是基础，精神环境是关键。一所幼儿园能否成为真正的儿童乐园，主要取决于幼儿园的精神环境。

（三）教育资源的含义和种类

资源链接：幼儿园教育资源分类

教育资源是指具有教育意义或能保证教育实践进行的各种条件，包括人力、物力、财力等物质因素，以及保证这些因素能发挥作用的政策、制度、环境等条件。[①]随着《幼儿园教育指导纲要（试行）》的颁布，幼儿园教育资源得到越来越多幼儿园管理者及教师的重视，成为推动幼儿教育发展，提高幼儿教育质量的重

① 黄瑾.幼儿园教育活动设计与指导[M].3版.上海：华东师范大学出版社，2021：58.

要力量。

幼儿园教育资源可以分为园内资源和园外资源两大类。

（四）教育资源的开发与利用

资源链接：自然资源的开发与利用

1. 自然资源

《3～6岁儿童学习与发展指南》指出科学领域的目标之一是“亲近自然，喜欢探究”，并提出了“经常带幼儿接触大自然，激发其好奇心与探究欲望”的教育建议。要帮助幼儿亲近自然、喜欢自然，就需要充分开发和利用身边的自然资源，带领幼儿走进自然、接触自然、感受自然、热爱自然。

2. 社区资源

资源链接：社区资源的开发与利用

《幼儿园教育指导纲要（试行）》中提到：“幼儿园应与家庭、社区密切合作，与小学相互衔接，综合利用各种教育资源，共同为幼儿的发展创造良好的条件。”社区资源作为一种新型的教育资源，得到了越来越多幼儿园的重视。社区中蕴含的文化资源和各种物质资源，为幼儿园开展教育活动提供了广阔的平台，延伸了幼儿的生活和学习空间。对社区资源的开放与利用，可以充盈幼儿园教育资源，丰富幼儿园课程内容，提升幼儿的社会性，让幼儿学会关注周围的生活，关心社区的发展，从而自然而然地融入社会，逐渐形成对社区的良好情感。

3. 家庭资源

资源链接：家庭资源的开发与利用

家庭对孩子的成长和发展发挥着极其重要的作用，这是任何学校或教育机构都不能替代的。幼儿园要重视家庭对幼儿的影响，要与家庭密切联系、相互支持、相互配合，共同促进幼儿的发展。

家庭是幼儿园的重要教育资源。随着时代的发展与进步，家庭中可利用于支持幼儿发展的教育资源日益丰富，家庭资源在幼儿园教育中也发挥着越来越重要的作用。幼儿园要能充分利用和发挥家长职业、兴趣、特长等方面的优势，为家长提供更多了解和参与幼儿园教育的机会，鼓励家长参与幼儿园教育活动的设计和组织、幼儿园及班级的管理与评价中，成为幼儿园教育的合作伙伴；要获得家长的理解、支持和信任，同时，帮助家长创设良好的家庭教育环境，提高家长的教育能力。

资源链接：教育资源选择的原则

五、任务分工

学生分组及任务分工表

<table>
<tr><td>班级</td><td colspan="2"></td><td>组号</td><td></td><td>指导教师</td><td></td></tr>
<tr><td>组长</td><td colspan="2"></td><td>学号</td><td colspan="3"></td></tr>
<tr><td rowspan="6">组员</td><td>姓名</td><td colspan="2">学号</td><td colspan="2">姓名</td><td>学号</td></tr>
<tr><td></td><td colspan="2"></td><td colspan="2"></td><td></td></tr>
<tr><td></td><td colspan="2"></td><td colspan="2"></td><td></td></tr>
<tr><td></td><td colspan="2"></td><td colspan="2"></td><td></td></tr>
<tr><td></td><td colspan="2"></td><td colspan="2"></td><td></td></tr>
<tr><td></td><td colspan="2"></td><td colspan="2"></td><td></td></tr>
<tr><td colspan="7">任务分工</td></tr>
<tr><td colspan="7"></td></tr>
</table>

六、任务实施

任务工作单 1

组号：__________ 姓名：__________ 学号：__________ 检索号：2-2-1

引导问题：

查阅资料，思考为什么要创设幼儿园环境，探讨幼儿园环境与儿童行为间的关系。

任务工作单 2

组号：__________ 姓名：__________ 学号：__________ 检索号：2-2-2

引导问题：

幼儿园教育活动中环境创设的内容有哪些？请以绘制思维导图的形式加以体现。

任务工作单 3

组号：＿＿＿＿＿　姓名：＿＿＿＿＿　学号：＿＿＿＿＿　检索号：2-2-3

引导问题：

以大班“我爱祖国”主题为例，谈谈你对幼儿园教育活动中环境创设及教育资源利用的基本思路和想法。

任务工作单 4

组号：__________ 姓名：__________ 学号：__________ 检索号：2-2-4

引导问题：

（1）小组间讨论，教师参与并指导，确定任务工作单2-2-1、2-2-2的最优答案，并检讨自己存在的不足之处。

（2）小组间交流讨论，教师参与，调整、完善任务工作单2-2-3阐述的基本思路和想法。

任务工作单 5

组号：__________　姓名：__________　学号：__________　检索号：2-2-5

引导问题：

每个小组推荐一位小组长进行汇报，借鉴经验，完善并形成最终的思路和想法。

七、评价反馈

评价工作单 1

组号：________ 姓名：________ 学号：________ 检索号：2-2-6

自我评价表

<table>
<tr><td>班级</td><td colspan="2"></td><td colspan="2">姓名</td><td colspan="2"></td><td>日期</td><td></td></tr>
<tr><td>评价指标</td><td colspan="6">评价内容</td><td>分数</td><td>分数评定</td></tr>
<tr><td>信息收集能力</td><td colspan="6">是否能有效利用网络、图书等资源，查找相关信息；是否能将查到的信息有效地传递到学习中</td><td>10分</td><td></td></tr>
<tr><td>感知课堂学习</td><td colspan="6">是否能在学习中获得满足感和认同感。</td><td>10分</td><td></td></tr>
<tr><td rowspan="2">学习态度、沟通能力</td><td colspan="6">是否积极主动与教师、同学交流，相互尊重、理解；与教师、同学之间是否能保持多向、丰富、适宜的信息交流</td><td>5分</td><td rowspan="2"></td></tr>
<tr><td colspan="6">是否能处理好合作学习和独立思考的关系，做到有效学习；是否能提出有意义的问题或发表个人见解</td><td>5分</td></tr>
<tr><td rowspan="3">知识、能力获得情况</td><td colspan="6">是否了解幼儿园环境的含义，理解幼儿园环境与儿童行为之间的关系，认同环境的教育价值，初步树立正确的环境观</td><td>10分</td><td rowspan="3"></td></tr>
<tr><td colspan="6">是否知道幼儿园环境的分类，并能绘制条理清晰的思维导图</td><td>10分</td></tr>
<tr><td colspan="6">是否能遵循幼儿园环境创设的原则和教育资源开发与利用的思路，创设、开发和利用各类环境和教育资源</td><td>25分</td></tr>
<tr><td>思维能力</td><td colspan="6">是否能发现问题、提出问题、分析问题、解决问题、创新问题</td><td>10分</td><td></td></tr>
<tr><td>自我反思</td><td colspan="6">是否能按时保质完成任务；是否较好地掌握了知识点；是否具有较为全面、严谨的思维能力，能有条理地梳理观点并形成文字</td><td>15分</td><td></td></tr>
<tr><td colspan="7">评价分数</td><td colspan="2"></td></tr>
<tr><td rowspan="2">总体提炼</td><td>优点</td><td colspan="7"></td></tr>
<tr><td>不足</td><td colspan="7"></td></tr>
</table>

评价工作单 2

组号：＿＿＿＿＿　姓名：＿＿＿＿＿　学号：＿＿＿＿＿　检索号：2-2-7

小组内互评验收表

<table>
<tr><td>组长</td><td></td><td>组名</td><td></td><td>日期</td><td></td></tr>
<tr><td>验收成员姓名</td><td colspan="5"></td></tr>
<tr><td>任务要求</td><td colspan="5">了解幼儿园环境与教育资源的含义及分类；理解幼儿园环境与儿童行为之间的关系；能遵循幼儿园环境创设的原则和教育资源开发与利用的思路，创设、开发和利用各类环境和教育资源。任务完成过程中，至少包含5份文献检索清单</td></tr>
<tr><td rowspan="2">文档验收清单</td><td colspan="5">被验收者任务工作单2-2-1、2-2-2、2-2-3、2-2-4、2-2-5</td></tr>
<tr><td colspan="5">文献检索清单</td></tr>
<tr><td>评价指标</td><td colspan="3">评价内容</td><td>分数</td><td>分数评定</td></tr>
<tr><td>信息收集能力</td><td colspan="3">该同学是否能有效利用网络、图书等资源，查找相关信息；是否能将查到的信息有效地传递到学习中</td><td>10分</td><td></td></tr>
<tr><td>感知课堂学习</td><td colspan="3">该同学是否能在学习中获得满足感和认同感</td><td>10分</td><td></td></tr>
<tr><td rowspan="2">学习态度、沟通能力</td><td colspan="3">该同学是否能积极主动与教师、同学交流，相互尊重、理解；与教师、同学之间是否能保持多向、丰富、适宜的信息交流</td><td>5分</td><td></td></tr>
<tr><td colspan="3">该同学是否能处理好合作学习和独立思考的关系，做到有效学习；是否能提出有意义的问题或发表个人见解</td><td>5分</td><td></td></tr>
<tr><td rowspan="3">知识、能力获得情况</td><td colspan="3">该同学是否查阅资料，理解幼儿园环境与儿童行为之间的关系，并提供文献检索清单（若少于5项，缺1项扣1分）</td><td>10分</td><td></td></tr>
<tr><td colspan="3">该同学是否知道幼儿园环境的分类，并能绘制条理清晰的思维导图</td><td>10分</td><td></td></tr>
<tr><td colspan="3">该同学是否能遵循幼儿园环境创设的原则和教育资源开发与利用的思路，创设、开发和利用各类环境和教育资源</td><td>25分</td><td></td></tr>
<tr><td>思维能力</td><td colspan="3">该同学是否能发现问题、提出问题、分析问题、解决问题、创新问题</td><td>10分</td><td></td></tr>
<tr><td>自我反思</td><td colspan="3">该同学是否能按时保质完成任务；是否较好地掌握了知识点；是否具有较为全面、严谨的思维能力，能有条理地梳理观点并形成文字</td><td>15分</td><td></td></tr>
<tr><td colspan="4">评价分数</td><td colspan="2"></td></tr>
<tr><td>该同学的不足之处</td><td colspan="5"></td></tr>
<tr><td>有针对性的改进建议</td><td colspan="5"></td></tr>
</table>

评价工作单 3

组号：________ 姓名：________ 学号：________ 检索号：2-2-8

小组间互评验收表

<table>
<tr><td>验收组长</td><td></td><td>验收组号</td><td></td><td>日期</td><td></td></tr>
<tr><td>验收成员姓名</td><td colspan="5"></td></tr>
<tr><td rowspan="2">验收组完成的资料清单</td><td colspan="5">被验收者任务工作单2-2-1、2-2-2、2-2-3、2-2-4、2-2-5</td></tr>
<tr><td colspan="5">文献检索清单</td></tr>
<tr><td>评价指标</td><td colspan="3">评价内容</td><td>分数</td><td>分数评定</td></tr>
<tr><td rowspan="3">汇报表述</td><td colspan="3">表述是否清晰准确</td><td>15分</td><td rowspan="3"></td></tr>
<tr><td colspan="3">语言是否流畅，普通话是否标准</td><td>10分</td></tr>
<tr><td colspan="3">是否能准确汇报该小组完成情况</td><td>15分</td></tr>
<tr><td rowspan="2">内容正确度</td><td colspan="3">内容是否正确</td><td>30分</td><td rowspan="2"></td></tr>
<tr><td colspan="3">句型表达是否到位</td><td>30分</td></tr>
<tr><td colspan="4">评价分数</td><td colspan="2"></td></tr>
<tr><td>简要评述</td><td colspan="5"></td></tr>
</table>

评价工作单 4

组号：__________　姓名：__________　学号：__________　检索号：2-2-9

任务完成情况评价表

<table>
<tr><td>任务名称</td><td></td><td>组名</td><td></td><td>总得分</td><td></td></tr>
<tr><td>评价依据</td><td colspan="5">学生完成的任务工作单2-2-1、2-2-2、2-2-3、2-2-4、2-2-5</td></tr>
<tr><td>评价内容</td><td>评价要点</td><td colspan="2">考查要点</td><td>分数</td><td>分数评定</td></tr>
<tr><td rowspan="2">查阅文献情况</td><td rowspan="2">任务实施过程中文献查阅</td><td colspan="2">是否查阅文献资料不少于5份（缺1份扣1分）</td><td rowspan="2">20分</td><td rowspan="2"></td></tr>
<tr><td colspan="2">是否正确运用信息资料（描述错误扣2分）</td></tr>
<tr><td rowspan="2">互动交流情况</td><td rowspan="2">小组内交流，教学互动</td><td colspan="2">是否在小组内与其他成员积极交流，大胆表达自己的观点（酌情给分）</td><td rowspan="2">30分</td><td rowspan="2"></td></tr>
<tr><td colspan="2">是否愿意接受教师指导，或在遇到困难时，是否能主动寻求教师的帮助（酌情给分）</td></tr>
<tr><td rowspan="2">任务完成情况</td><td>规定时间内的完成度</td><td colspan="2">是否能在规定时间内完成任务（如没在规定时间内完成，则酌情扣分）</td><td>20分</td><td rowspan="2"></td></tr>
<tr><td>任务完成的正确度</td><td colspan="2">任务完成的正确性（错误1个点扣2分）</td><td>30分</td></tr>
<tr><td colspan="4">评价分数</td><td colspan="2"></td></tr>
<tr><td>简要评论</td><td colspan="5"></td></tr>
</table>

任务三　幼儿园教育活动组织原则及策略分析

一、任务描述

幼儿园教育活动是教师发起的有目的、有计划地引导幼儿进行学习的过程。教师作为幼儿园教育活动的发起者和组织者，起着至关重要的作用。请阐述教师在幼儿园教育活动中的作用、幼儿园教育活动组织的原则和有效的指导策略。

二、学习目标

（一）知识目标

（1）明确幼儿园教育活动组织的基本原则。
（2）理解教师在幼儿园教育活动组织与指导中的作用。

（二）能力目标

（1）掌握幼儿园教育活动组织与指导的一般性策略。
（2）掌握幼儿园教育活动组织与指导所需的能力。

（三）素养目标

能正确认识教师在幼儿园教育活动组织与指导中的价值。

三、任务分析

（1）重点：理解幼儿园教育活动组织的基本原则。
（2）难点：掌握幼儿园教育活动组织与指导的一般性策略。

四、相关知识链接

（一）幼儿园教育活动组织与指导的基本原则

1. 灵活性原则

资源链接：灵活性原则的主要内容

幼儿园教育活动作为幼儿园课程的实施载体之一，要遵从幼儿发展的规律与兴趣，尊重幼儿的个体差异性，满足多方的需求，真正以幼儿为本，这就要求教师在幼儿园教育活动组织与指导中要遵循灵活性原则。具体来说，主要包括以下四个方面：第一，灵活解决“预设”与“生成”的矛盾；第二，灵活解决“问”与“答”的矛盾；第三，灵活变换不同的角色身份；第四，灵活调整教育教学节奏与流程。

2. 主导性原则

教师是幼儿园教育活动的指导者，与幼儿是合作的关系，教师的教与幼儿的学共同组成教育教学活动。教师应积极引导、指导幼儿更好地学习有关的幼儿园教育活动内容，实现幼儿园教育活动目标。教师需明确自己的职责与作用，善于引导和启发幼儿。教师与幼儿的地位是平等的、共生的，幼儿可以提出自己感兴趣的问题，教师与幼儿共同探索，从而体现出幼儿在幼儿园教育活动中的主体地位。通过案例2-3-1情景一和情景二中两种方式的提问，我们可以更明晰地看到幼儿园教育活动组织与指导中主导性原则的体现。

案例2-3-1

情景一

师：看了这幅画以后，你有什么感觉呢？你觉得这幅画画的是什么呢？为什么？

幼：我觉得像斑马，斑马的身上也是有黑有白的。

幼：这幅画让我感觉很亲切，我觉得它像妈妈一样，因为有黑有白，而妈妈的头发，也是有黑又有白的。

幼：我觉得像宇宙一样，有很多的星星，非常漂亮。因为这幅画上也到处都有这种点点。

幼：我觉得这幅画很有趣，有很多的数字，这里有一个5，这里还有一个8。

情景二

师：你觉得这幅画画的像哪种小动物呢？

幼：斑马、熊猫、小狗、小鸟、蝌蚪……

师：为什么呢？

幼：因为这幅画都是黑白的。

上述两个简短的情景，可以让我们体会到主导性原则的重要性。教师在提问时，不应给幼儿过多的限制，否则会局限幼儿的思维。情景一中教师的提问更具有开放性，幼儿根据画面能想象出更丰富的回答。情景二中的问题让幼儿的回答缩小在动物的范围，限制了幼儿的想象力和创造性，也限制了幼儿的语言表达。因此，有效的、有意义的主导应是开放的、有启发性的、有引导性的指导。

3. 指向性原则

所谓“指向性原则”，是幼儿园教育活动的组织和实施要有清晰的目标与指向。教师要因材施教，根据幼儿的发展阶段和典型性表现，在专业分析的基础上，运用不同的方法和策略为每个独特的幼儿提供指向明确的指导。

例如，在一日活动中的如厕环节，对于大多数的教师和幼儿来说是一个常规活动，但是部分幼儿在这一方面是存在困难的，并且每个幼儿感到困难的原因是不同的，必须针对性地予以解决和帮助。

案例2-3-2

淞淞是一个中班转入的插班生，他每天早上来幼儿园都会哭，但是能很快地适应幼儿园的生活。没过多久，淞淞的妈妈来到幼儿园与教师沟通，教师了解到原来淞淞每天都不愿意在幼儿园如厕，一定要回到家才愿意如厕。针对这一情况，教师与家长进行了深入的交流，知道淞淞家里使用的是马桶，并且在如厕后都是用湿厕纸，这与幼儿园不同。为了让淞淞能养成及时排便的习惯，教师建议淞淞妈妈更换家里的湿厕纸，改用普通纸巾，并为淞淞提供蹲厕的道具进行练习。在幼儿园时，教师也单独教导淞淞如厕的方法和口诀，家园联合帮助淞淞克服了在幼儿园如厕的困难。

案例2-3-3

睿睿是一名中班的男孩，性格内向，患有轻微孤独症，教师发现睿睿每天中午都会尿床，时不时也会尿裤子，询问他具体原因，他也一言不发。通过事后与家长沟通，邀请家长协助询问后，教师了解到睿睿总是尿床、尿裤子的原因是害怕上厕所，在班级中和其他幼儿相处时听到其他幼儿说厕所里有妖魔鬼怪，由此不愿意去厕所。针对这一情况，教师在园时常常都会询问睿睿是否想要上厕所，并每次都会陪睿睿一同去厕所；午睡时也会在他醒来后及时提醒他如厕。在一段时间后，睿睿克服了上厕所的恐惧，再也没有尿床、尿裤子的情况发生。

在案例2-3-2和案例2-3-3中，我们可以看到两个幼儿如厕困难的原因是不同的，幼儿的性格、家庭背景等也是不同的，案例中教师的解决方式也是不一样的。对于缺乏如厕技能的淞淞，教师采用家园联合的方式，指导幼儿学习在幼儿园如厕的方法，共同提高幼儿的如厕能力和生活自理能力。对于害怕厕所中“妖魔鬼怪”的睿睿，教师则采用了鼓励、陪伴、提醒的方式，让幼儿对厕所不再害怕，从而能自主如厕。不同的指导方式体现的是教师对于幼儿的了解和观察，运用多种灵活的形式，帮助幼儿解决了如厕的困难，而这些不同的方式都是建立在教师有指向性指导基础上的。

（二）幼儿园教育活动组织与指导的一般性策略

资源链接：幼儿园教育活动中的观察

1. 观察

由于教师工作的特殊性，本节阐述的观察主要是指在自然情景或日常的教育活动、幼儿一日生活中的观察。观察对于幼儿教师来说是极其有必要的，尤其是对于年龄较小的幼儿来说，因为幼儿的语言表达能力还处在发展阶段，只有通过观察才能了解幼儿的需求、表现、经验水平及个体能力差异等，为后续教育活动的指导奠定坚实的基础。

2. 导入

资源链接：导入的方式

导入环节作为每次教育活动的开端，无疑有着重要的作用，好的导入能快速吸引幼儿的注意力，激发幼儿的兴趣，使得活动能顺利开展，让幼儿在愉快、轻松的氛围中参与活动。

3. 提问

资源链接：提问的不同形式

对于教师来说，提问这一策略是非常基本和常见的教育教学方法，一日生活中的无时无刻不在运用。教师的提问一定要足够清楚、明确，要抓住关键，减少非必要的提问，提问的内容不应有过多的内涵和外延，以免造成幼儿的不理解。提问既可以是设问，也可以是反问，主要是帮助幼儿能更深层次地思考问题，启发幼儿发现问题、解决问题。

4. 回应

资源链接：不同的回应方式

幼儿总是会提出各种各样的问题，教师作为教育活动的教育者和指导者，很重要的一个部分就是对幼儿的提问做出回应。回应不仅包括教师的语言，还包含教师的动作、眼神。特别要指出的是，有时，教师对幼儿的一些提问不予回应，这并不代表教师忽视幼儿，保持沉默或暂时的忽略也是一种回应，这种回应可以给幼儿更多的空间，让幼儿能通过自己的努力，尝试获得问题的答案，适时地运用沉默和暂时的忽略能体现教师的策略，教师应根据具体情况和幼儿的问题做出恰当的回应。

五、任务分工

学生分组及任务分工表

<table>
<tr><td>班级</td><td></td><td>组号</td><td></td><td>指导教师</td><td></td></tr>
<tr><td>组长</td><td></td><td>学号</td><td colspan="3"></td></tr>
</table>

<table>
<tr><td rowspan="6">组员</td><td>姓名</td><td>学号</td><td>姓名</td><td>学号</td></tr>
<tr><td></td><td></td><td></td><td></td></tr>
<tr><td></td><td></td><td></td><td></td></tr>
<tr><td></td><td></td><td></td><td></td></tr>
<tr><td></td><td></td><td></td><td></td></tr>
<tr><td></td><td></td><td></td><td></td></tr>
<tr><td colspan="5">任务分工</td></tr>
<tr><td colspan="5"></td></tr>
</table>

六、任务实施

任务工作单 1

组号：__________　姓名：__________　学号：__________　检索号：2-3-1

引导问题：

（1）说一说幼儿园教育活动组织与指导的基本原则有哪些？

（2）幼儿园教育活动组织与指导的一般性策略有哪些？

（3）请结合具体实例，说一说教师应该怎样运用观察策略？

任务工作单 2

组号：__________ 姓名：__________ 学号：__________ 检索号：2-3-2

引导问题：

图书区—表演与道具制作

扫描右侧二维码，阅读并分析材料，回答下列问题。

（1）在观察记录中，该教师运用了哪些组织与指导策略？

（2）你如何评价材料中教师与幼儿的互动和讨论？为什么？

（3）如果你是材料中的教师，你会怎么做？

任务工作单 3

组号：__________　姓名：__________　学号：__________　检索号：2-3-3

引导问题：

（1）小组间讨论，教师参与并指导，确定任务工作单2-3-1、2-3-2的最优答案，并检讨自己存在的不足之处。

____

____

____

____

____

____

____

____

（2）每个小组推选出一位小组长，进行汇报。根据汇报情况，再次检讨自己存在的不足之处。

____

____

____

____

____

____

____

____

七、评价反馈

评价工作单 1

组号：__________ 姓名：__________ 学号：__________ 检索号：2-3-4

自我评价表

<table>
<tr><td>班级</td><td></td><td>姓名</td><td></td><td>日期</td><td></td></tr>
<tr><td>评价指标</td><td colspan="3">评价内容</td><td>分数</td><td>分数评定</td></tr>
<tr><td>信息收集能力</td><td colspan="3">是否能有效利用网络、图书等资源，查找相关信息；是否能将查到的信息有效地传递到学习中</td><td>10分</td><td></td></tr>
<tr><td>感知课堂学习</td><td colspan="3">是否能在学习中获得满足感和认同感</td><td>10分</td><td></td></tr>
<tr><td rowspan="2">学习态度、沟通能力</td><td colspan="3">是否积极主动与教师、同学交流，相互尊重、理解；与教师、同学之间是否能保持多向、丰富、适宜的信息交流</td><td>5分</td><td rowspan="2"></td></tr>
<tr><td colspan="3">是否能处理好合作学习和独立思考的关系，做到有效学习；是否能提出有意义的问题或发表个人见解</td><td>5分</td></tr>
<tr><td rowspan="3">知识、能力获得情况</td><td colspan="3">是否明确幼儿园教育活动组织的基本原则</td><td>15分</td><td rowspan="3"></td></tr>
<tr><td colspan="3">是否掌握幼儿园教育活动组织与指导的一般性策略</td><td>15分</td></tr>
<tr><td colspan="3">是否能结合实例说明如何运用观察策略</td><td>15分</td></tr>
<tr><td>思维能力</td><td colspan="3">是否能发现问题、提出问题、分析问题、解决问题、创新问题</td><td>10分</td><td></td></tr>
<tr><td>自我反思</td><td colspan="3">是否能按时保质完成任务；是否较好地掌握了知识点；是否具有较为全面、严谨的思维能力，能有条理地梳理观点并形成文字</td><td>15分</td><td></td></tr>
<tr><td colspan="4">评价分数</td><td colspan="2"></td></tr>
<tr><td rowspan="2">总体提炼</td><td>优点</td><td colspan="4"></td></tr>
<tr><td>不足</td><td colspan="4"></td></tr>
</table>

评价工作单 2

组号：________　姓名：________　学号：________　检索号：2-3-5

小组内互评验收表

<table>
<tr><td>组长</td><td></td><td>组名</td><td></td><td>日期</td><td></td></tr>
<tr><td>验收成员姓名</td><td colspan="5"></td></tr>
<tr><td>任务要求</td><td colspan="5">幼儿园教育活动的指导原则；幼儿园教育活动组织与指导的策略。任务完成过程中，至少包含5份文献检索清单</td></tr>
<tr><td rowspan="2">文档验收清单</td><td colspan="5">被验收者任务工作单2-3-1、2-3-2、2-3-3</td></tr>
<tr><td colspan="5">文献检索清单</td></tr>
<tr><td>评价指标</td><td colspan="3">评价内容</td><td>分数</td><td>分数评定</td></tr>
<tr><td>信息收集能力</td><td colspan="3">该同学是否能有效利用网络、图书等资源，查找相关信息；是否能将查到的信息有效地传递到学习中</td><td>10分</td><td></td></tr>
<tr><td>感知课堂学习</td><td colspan="3">该同学是否能在学习中获得满足感和认同感</td><td>10分</td><td></td></tr>
<tr><td rowspan="2">学习态度、沟通能力</td><td colspan="3">该同学是否能积极主动与教师、同学交流，相互尊重、理解；与教师、同学之间是否能保持多向、丰富、适宜的信息交流</td><td>5分</td><td></td></tr>
<tr><td colspan="3">该同学是否能处理好合作学习和独立思考的关系，做到有效学习；是否能提出有意义的问题或发表个人见解</td><td>5分</td><td></td></tr>
<tr><td rowspan="3">知识、能力获得情况</td><td colspan="3">该同学是否能说明幼儿园教育活动组织与指导的原则</td><td>15分</td><td></td></tr>
<tr><td colspan="3">该同学是否能理解幼儿园教育活动组织与指导的策略，并提供文献检索清单（若少于5项，缺1项扣1分）</td><td>15分</td><td></td></tr>
<tr><td colspan="3">该同学是否能结合材料分析并运用幼儿园教育活动指导策略</td><td>15分</td><td></td></tr>
<tr><td>思维能力</td><td colspan="3">该同学是否能发现问题、提出问题、分析问题、解决问题、创新问题</td><td>10分</td><td></td></tr>
<tr><td>自我反思</td><td colspan="3">该同学是否能按时保质完成任务；是否较好地掌握了知识点；是否具有较为全面、严谨的思维能力，能有条理地梳理观点并形成文字</td><td>15分</td><td></td></tr>
<tr><td colspan="4">评价分数</td><td colspan="2"></td></tr>
<tr><td colspan="2">该同学的不足之处</td><td colspan="4"></td></tr>
<tr><td colspan="2">有针对性的改进建议</td><td colspan="4"></td></tr>
</table>

评价工作单 3

组号：__________ 姓名：__________ 学号：__________ 检索号：2-3-6

小组间互评验收表

<table>
<tr><td>验收组长</td><td></td><td>验收组号</td><td></td><td>日期</td><td></td></tr>
<tr><td>验收成员姓名</td><td colspan="5"></td></tr>
<tr><td rowspan="2">验收组完成的资料清单</td><td colspan="5">被验收者任务工作单2-3-1、2-3-2、2-3-3</td></tr>
<tr><td colspan="5">文献检索清单</td></tr>
<tr><td>评价指标</td><td colspan="3">评价内容</td><td>分数</td><td>分数评定</td></tr>
<tr><td rowspan="3">汇报表述</td><td colspan="3">表述是否清晰准确</td><td>15分</td><td rowspan="3"></td></tr>
<tr><td colspan="3">语言是否流畅，普通话是否标准</td><td>10分</td></tr>
<tr><td colspan="3">是否能准确汇报该小组完成情况</td><td>15分</td></tr>
<tr><td rowspan="2">内容正确度</td><td colspan="3">内容是否正确</td><td>30分</td><td rowspan="2"></td></tr>
<tr><td colspan="3">句型表达是否到位</td><td>30分</td></tr>
<tr><td colspan="4">评价分数</td><td colspan="2"></td></tr>
<tr><td>简要评述</td><td colspan="5"></td></tr>
</table>

评价工作单4

组号：________　姓名：________　学号：________　检索号：2-3-7

任务完成情况评价表

任务名称			组名		总得分	
评价依据	学生完成的任务工作单2-3-1、2-3-2、2-3-3					
评价内容	评价要点	考查要点			分数	分数评定
查阅文献情况	任务实施过程中文献查阅	是否查阅文献资料不少于5份（缺1份扣1分）			20分	
		是否正确运用信息资料（描述错误扣2分）				
互动交流情况	小组内交流，教学互动	是否在小组内与其他成员积极交流，大胆表达自己的观点（酌情给分）			30分	
		是否愿意接受教师指导，或在遇到困难时，是否能主动寻求教师的帮助（酌情给分）				
任务完成情况	规定时间内的完成度	是否能在规定时间内完成任务（如没在规定时间内完成，则酌情扣分）			20分	
	任务完成的正确度	任务完成的正确性（错误1个点扣2分）			30分	
评价分数					100分	
简要评论						

模块三　幼儿园生活活动的设计与指导

在生活中学习与发展是幼儿的特点，融教育于一日生活中是幼儿教育的显著特点。幼儿以自己的生活为主要学习对象，又以自己的生活为主要学习途径，并以更好地适应生活为学习目的。为了学会生活、通过生活学习生活，学习与生活相互交融，学习、生活、发展“三位一体”，这是幼儿学习的最大独特之处。《幼儿园教师专业标准（试行）》指出，幼儿园教师应具备“合理安排和组织一日生活的各个环节，将教育灵活地渗透到一日生活中”“科学照料幼儿日常生活，指导和协助保育员做好班级常规保育和卫生工作”的专业能力。因此，幼儿教师想要做到合理安排和组织幼儿在园的一日生活，把握教育契机，将教育灵活地渗透到一日生活中，就需要全面认识幼儿园生活活动，包括了解幼儿园生活活动的含义及内容，认识幼儿园生活活动的价值；理解、把握幼儿园生活活动中蕴含的各领域学习目标；掌握幼儿园生活活动设计和指导的原则与要求。

图3-1-1　幼儿园生活活动——洗手

任务一　幼儿园生活活动的设计

一、任务描述

请结合大班主题“我要上小学”，设计一个幼儿园生活活动，并撰写活动方案。

二、学习目标

（一）知识目标

（1）了解幼儿园生活活动的含义及内容。
（2）认识幼儿园生活活动的价值。
（3）理解和把握幼儿园各类生活活动的教育目标。

（二）能力目标

掌握幼儿园生活活动设计的原则和思路，能撰写幼儿园生活活动设计方案。

（三）素养目标

（1）认同幼儿园生活活动的教育价值。
（2）能多途径查阅资料，收集、筛选相关信息。

三、任务分析

（1）重点：掌握幼儿园生活活动设计的思路，能设计幼儿园生活活动。
（2）难点：理解幼儿园生活活动的教育意义，并能拟定适宜的活动目标。

四、相关知识链接

（一）幼儿园生活活动的含义及内容

1. 幼儿园一日生活

幼儿园一日生活包含了幼儿从入园到离园的时间发生的一切活动，主要有四大类：区域活动、教学活动、生活活动和户外活动。如果按一日生活环节安排划分，那么可分为来园、晨间活动、教学活动、体育活动、自由活动、游戏与户外活动、盥洗与如厕、午餐点心、饮水、午睡、离园活动。

2. 幼儿园生活活动

幼儿园生活活动是幼儿园一日生活的重要组成部分，主要包括入园、晨间活动、进餐、饮水、如厕、盥洗、午睡、离园八大环节。幼儿园生活活动不仅是幼儿生活之必需，也是幼儿学习生活经验，增长生活能力，培养独立性所必需的。

（二）幼儿园生活活动的价值

1. 纲领性文件精神的引领

（1）《幼儿园教育指导纲要（试行）》凸显幼儿生活活动的重要性。《幼儿园教育指导纲要（试行）》指出，幼儿园教育健康领域的目标为“生活、卫生习惯良好，有基本的生活自理能力”，要求“培养幼儿良好的饮食、睡眠、盥洗、排泄等生活习惯和生活自理能力”。幼儿是在生活中获得生活经验，养成卫生习惯，培养自理能力的，生活活动对幼儿的身心健康发展有着不可替代的作用。“幼儿园应为幼儿提供健康、丰富的生活和活动环境，满足他们多方面发展的需要，使他们在快乐的童年生活中获得有益于身心发展的经验。”

（2）《3～6岁儿童学习与发展指南》珍视幼儿生活的独特价值。《3～6岁儿童学习与发展指南》指出：“幼儿的学习是以直接经验为基础，在游戏和日常生活中进行的。要珍视游戏和生活的独特价值，创设丰富的教育环境，合理安排一日生活，最大限度地支持和满足幼儿通过直接感知、实际操作和亲身体验获取经验的需要。”幼儿在生活中学习，是为了更好地适应生活。幼儿园生活活动既是幼儿学习的内容和途径，也是幼儿学习和发展的目的。学习、生活、发展“三位一体”，这是幼儿学习的最大独特之处。因此，要珍视幼儿生活的独特价值，重视幼儿的参与、体验和创造。

2. 幼儿园生活活动的价值

（1）促进幼儿身体发展。幼儿园生活活动有助于幼儿建立科学的生活常规，培养良好的卫生习惯和生活自理能力。在饮水、盥洗、用餐等环节中，可以培养幼儿良好的卫生习惯，促进幼儿身体的健康发育；在整理、餐点等环节中，可以帮助幼儿提高生活自理和自我服务能力；

（2）促进幼儿社会性和情绪情感的发展。幼儿园生活活动可以有效促进幼儿社会性和情绪情感的发展。幼儿在幼儿园生活活动中与同伴和教师的互动，可以学习到与人交往的技能，学会控制自己的情绪，更好地适应集体生活。例如，在自由活动时间，通过与同伴、教师的交流，逐渐建立起良好的同伴、师幼关系；在遵守班级常规、服务自我、帮助他人中，获得自信心的发展，有助于积极自我概念的形成。

（3）促进幼儿认知能力的发展。通过摆放、整理自己的水杯、毛巾等物品，幼儿可以形成清晰的自我意识；在盥洗、用餐等活动中，能丰富幼儿营养、卫生保健等知识，发展注意力、记忆力、观察力、思维和表达能力，促进幼儿认知能力的发展。

（三）幼儿园生活活动设计的原则

1. 适宜性原则

适宜性原则指的是教师在设计幼儿园生活活动时，要充分考虑幼儿的身心发展特点、学习特点、发展水平和情感需要，设计最适合幼儿年龄特点的生活活动，制订既富有变化性又富有统一性的生活计划，注重一日生活安排的科学性。

2. 参与性原则

参与性原则包含两层含义。一是指在幼儿园生活活动设计过程中，要注重通过多种途径和策略调动幼儿的主体参与性，使幼儿在参与过程中获得体验与发展。教师要帮助幼儿意识到自己是独立的人，创设宽松、安全、舒适的生活环境，提供便于幼儿开展自我服务的条件，实现幼儿的自主管理。二是指在设计幼儿园生活活动过程中，要考虑到家长、社会、同伴等多种教育资源的共同参与。

3. 发展性原则

幼儿教育的最终目的是促进幼儿的发展，因此，幼儿园生活活动既要有助于幼儿当前的发展，也要有助于幼儿的长远发展。教师和家长不宜过度保护与包办代替，以免剥夺幼儿自主学习和发展的机会。教师和家长要鼓励幼儿做力所能及的事情，如穿脱衣服、自主进餐、收拾玩具等，让幼儿在生活实践中掌握生活技能，养成任务意识和责任感，体验劳动的快乐，促进身心全面发展。

4. 随机性原则

生活是幼儿主要的学习内容和途径，幼儿获得的知识主要是生活的直接经验，因此，教育要贴近幼儿的实际生活。但生活的知识和经验具有零散、琐碎、不系统的特点。这就需要我们充分观察、了解幼儿，把握教育契机，在幼儿园生活活动中“遇物而诲，择机而教”，利用幼儿园生活活动中的偶发事件进行随机教育。

（四）幼儿园生活活动设计的基本思路

案例学习：入园环节——晨间签到（大班数学）

1. 建立稳定而灵活的一日生活流程

幼儿在园的一日生活要以一定时间和程序相对地固定下来，成为一日的活动制度。这样的一种相对固定，对幼儿来说是非常重要的，它可以养成幼儿有序的生活习惯，帮助他们达成自我约束又不会感到外在压力，自由自在又不扰乱集体秩序的状态；在活动与休息、室内与户外、运动量大与运动量小的活动之间找到平衡，感到游刃有余，促进幼儿身心得到发展，潜力得到发挥。

幼儿园一日生活的时间表在保持固定性的同时，也要有灵活性，要根据教育内容的需要和幼儿活动过程的实际，做出适当调整。比如，当大部分幼儿都还对参与的活动表现出极大兴趣和积极性的时候，教师就可以把活动的时间延长一些；反之，假如一个活动，幼儿一开始就表现出注意力不集中、疲倦的状态，教师就可以暂时结束此次活动。

2. 活动为本，自然无痕

幼儿园生活活动是每个幼儿都必须经历的活动，每个活动之间相辅相成，都有其独特的价值。教师要能保障在生活环节本位价值的充分实现下，寻找适宜的渗透点，自然无痕地将教育目标渗透在生活活动中去实现。而要做到自然无痕，我们就要注意以下三个方面：一是要基于不打扰当前幼儿生活环节正常进行的环境下去渗透，二是要基于当前幼儿的实然需要及发展水平去渗透，三是要基于允许当前幼儿存在个体差异的情况下去适时渗透。这就要求教师把握好常规渗透和随机渗透的度，不刻意照搬他人做法，不追求同一种方法效果一定要达到一致。

3. 关注整体，照顾个别

在设计幼儿园生活活动时，教师既要能抓住班级幼儿普遍存在的问题，从幼儿的年龄阶段特点去寻求可以与之匹配的方法，给幼儿以支持性、帮助性的指导；也要关注到幼儿的个体差异，采用灵活的活动形式（集体活动/小组活动/个别活动），开展有针对性的指导。

五、任务分工

学生分组及任务分工表

<table>
<tr><td>班级</td><td></td><td>组号</td><td></td><td>指导教师</td><td></td></tr>
<tr><td>组长</td><td></td><td>学号</td><td colspan="3"></td></tr>
<tr><td rowspan="6">组员</td><td>姓名</td><td>学号</td><td>姓名</td><td colspan="2">学号</td></tr>
<tr><td></td><td></td><td></td><td colspan="2"></td></tr>
<tr><td></td><td></td><td></td><td colspan="2"></td></tr>
<tr><td></td><td></td><td></td><td colspan="2"></td></tr>
<tr><td></td><td></td><td></td><td colspan="2"></td></tr>
<tr><td></td><td></td><td></td><td colspan="2"></td></tr>
<tr><td colspan="6">任务分工</td></tr>
<tr><td colspan="6"></td></tr>
</table>

六、任务实施

任务工作单 1

组号：________ 姓名：________ 学号：________ 检索号：3-1-1

资源链接：《3～6岁儿童学习与发展指南》

引导问题：

以《3～6岁儿童学习与发展指南》为依据，找出幼儿园各生活活动环节所蕴含各领域的目标。

（1）入园、离园环节。

（2）晨间活动环节。

（3）进餐、饮水、如厕、盥洗、午睡环节。

（4）过渡环节。

任务工作单 2

组号：__________　姓名：__________　学号：__________　检索号：3-1-2

引导问题：

请结合大班主题“我要上小学”，设计一个幼儿园生活活动，并撰写活动方案。

活动环节 及活动名称	
活动时间	
活动形式	□个人活动　□小组活动　□集体活动
领域核心经验	
活动目标	
活动准备	
活动过程	

任务工作单 3

组号：________　姓名：________　学号：________　检索号：3-1-3

引导问题：

各小组间交流讨论，教师参与并指导，调整、完善幼儿园生活活动设计方案。

活动环节 及活动名称	
活动时间	
活动形式	□个人活动　□小组活动　□集体活动
领域核心经验	
活动目标	
活动准备	
活动过程	

任务工作单 4

组号：__________　姓名：__________　学号：__________　检索号：3-1-4

引导问题：

（1）每个小组推荐一位小组长，汇报幼儿园生活活动设计方案，借鉴经验，完善方案。

（2）自查、分析存在的不足之处及改进的方法。

七、评价反馈

评价工作单 1

组号：________ 姓名：________ 学号：________ 检索号：<u>3-1-5</u>

自我评价表

<table>
<tr><td>班级</td><td></td><td>姓名</td><td></td><td>日期</td><td></td></tr>
<tr><td>评价指标</td><td colspan="3">评价内容</td><td>分数</td><td>分数评定</td></tr>
<tr><td>信息收集能力</td><td colspan="3">是否能有效利用网络、图书等资源，查找相关信息；是否能将查到的信息有效地传递到学习中</td><td>10分</td><td></td></tr>
<tr><td>感知课堂学习</td><td colspan="3">是否能在学习中获得满足感和认同感</td><td>10分</td><td></td></tr>
<tr><td rowspan="2">学习态度、沟通能力</td><td colspan="3">是否积极主动与教师、同学交流，相互尊重、理解；与教师、同学之间是否能保持多向、丰富、适宜的信息交流</td><td>5分</td><td rowspan="2"></td></tr>
<tr><td colspan="3">是否能处理好合作学习和独立思考的关系，做到有效学习；是否能提出有意义的问题或发表个人见解</td><td>5分</td></tr>
<tr><td rowspan="3">知识、能力获得情况</td><td colspan="3">是否了解幼儿园生活活动的含义和内容，认识幼儿园生活活动的价值</td><td>10分</td><td rowspan="3"></td></tr>
<tr><td colspan="3">是否了解幼儿园生活活动设计的原则，掌握幼儿园生活活动设计的基本思路，能设计幼儿园生活活动</td><td>20分</td></tr>
<tr><td colspan="3">是否把握了《3～6岁儿童学习与发展指南》中，幼儿园生活活动各领域的教育目标</td><td>15分</td></tr>
<tr><td>思维能力</td><td colspan="3">是否能发现问题、提出问题、分析问题、解决问题、创新问题</td><td>10分</td><td></td></tr>
<tr><td>自我反思</td><td colspan="3">是否能按时保质完成任务；是否较好地掌握了知识点；是否具有较为全面、严谨的思维能力，能有条理地梳理观点并形成文字</td><td>15分</td><td></td></tr>
<tr><td colspan="4">评价分数</td><td colspan="2"></td></tr>
<tr><td rowspan="2">总体提炼</td><td>优点</td><td colspan="4"></td></tr>
<tr><td>不足</td><td colspan="4"></td></tr>
</table>

评价工作单 2

组号：__________　姓名：__________　学号：__________　检索号：3-1-6

小组内互评验收表

<table>
<tr><td>组长</td><td></td><td>组名</td><td></td><td>日期</td><td></td></tr>
<tr><td>验收成员姓名</td><td colspan="5"></td></tr>
<tr><td>任务要求</td><td colspan="5">了解幼儿园生活活动的含义和内容，理解幼儿园生活活动的价值和意义，把握幼儿园生活活动的目标，掌握幼儿园生活活动设计的原则和基本思路。任务完成过程中，至少包含5份文献检索清单</td></tr>
<tr><td rowspan="2">文档验收清单</td><td colspan="5">被验收者任务工作单3-1-1、3-1-2、3-1-3、3-1-4</td></tr>
<tr><td colspan="5">文献检索清单</td></tr>
<tr><td>评价指标</td><td colspan="3">评价内容</td><td>分数</td><td>分数评定</td></tr>
<tr><td>信息收集能力</td><td colspan="3">该同学是否能有效利用网络、图书等资源，查找相关信息；是否能将查到的信息有效地传递到学习中</td><td>10分</td><td></td></tr>
<tr><td>感知课堂学习</td><td colspan="3">该同学是否能在学习中获得满足感和认同感</td><td>10分</td><td></td></tr>
<tr><td rowspan="2">学习态度、沟通能力</td><td colspan="3">该同学是否能积极主动与教师、同学交流，相互尊重、理解；与教师、同学之间是否能保持多向、丰富、适宜的信息交流</td><td>5分</td><td></td></tr>
<tr><td colspan="3">该同学是否能处理好合作学习和独立思考的关系，做到有效学习；是否能提出有意义的问题或发表个人见解</td><td>5分</td><td></td></tr>
<tr><td rowspan="3">知识、能力获得情况</td><td colspan="3">该同学是否了解幼儿园生活活动的含义和内容，是否认识到幼儿园生活活动的价值</td><td>15分</td><td></td></tr>
<tr><td colspan="3">该同学是否了解幼儿园生活活动的设计原则，掌握生活活动的设计思路，能设计幼儿园生活活动</td><td>15分</td><td></td></tr>
<tr><td colspan="3">查阅资料，分析幼儿园各类生活活动的教育目标，并提供文献检索清单（若少于5项，缺1项扣1分）</td><td>15分</td><td></td></tr>
<tr><td>思维能力</td><td colspan="3">该同学是否能发现问题、提出问题、分析问题、解决问题、创新问题</td><td>10分</td><td></td></tr>
<tr><td>自我反思</td><td colspan="3">该同学是否能按时保质完成任务；是否较好地掌握了知识点；是否具有较为全面、严谨的思维能力，能有条理地梳理观点并形成文字</td><td>15分</td><td></td></tr>
<tr><td colspan="4">评价分数</td><td colspan="2"></td></tr>
<tr><td colspan="2">该同学的不足之处</td><td colspan="4"></td></tr>
<tr><td colspan="2">有针对性的改进建议</td><td colspan="4"></td></tr>
</table>

评价工作单 3

组号：__________ 姓名：__________ 学号：__________ 检索号：3-1-7

小组间互评验收表

验收组长		验收组号		日期	
验收成员姓名					
验收组完成的资料清单	被验收者任务工作单3-1-1、3-1-2、3-1-3、3-1-4				
	文献检索清单				
评价指标	评价内容			分数	分数评定
汇报表述	表述是否清晰准确			15分	
	语言是否流畅，普通话是否标准			10分	
	是否能准确汇报该小组完成情况			15分	
内容正确度	内容是否正确			30分	
	句型表达是否到位			30分	
评价分数					
简要评述					

评价工作单4

组号：__________　姓名：__________　学号：__________　检索号：3-1-8

任务完成情况评价表

<table>
<tr><td>任务名称</td><td colspan="2"></td><td>组名</td><td></td><td>总得分</td><td></td></tr>
<tr><td>评价依据</td><td colspan="6">学生完成任务工作单3-1-1、3-1-2、3-1-3、3-1-4</td></tr>
<tr><td>评价内容</td><td>评价要点</td><td colspan="3">考查要点</td><td>分数</td><td>分数评定</td></tr>
<tr><td rowspan="2">查阅文献情况</td><td rowspan="2">任务实施过程中文献查阅</td><td colspan="3">是否查阅文献资料不少于5份（缺1份扣1分）</td><td rowspan="2">20分</td><td rowspan="2"></td></tr>
<tr><td colspan="3">是否正确运用信息资料（描述错误扣2分）</td></tr>
<tr><td rowspan="2">互动交流情况</td><td rowspan="2">小组内交流，教学互动</td><td colspan="3">是否在小组内与其他成员积极交流，大胆表达自己的观点（酌情给分）</td><td rowspan="2">30分</td><td rowspan="2"></td></tr>
<tr><td colspan="3">是否愿意接受教师指导，或在遇到困难时，是否能主动寻求教师的帮助（酌情给分）</td></tr>
<tr><td rowspan="2">任务完成情况</td><td>规定时间内的完成度</td><td colspan="3">是否能在规定时间内完成任务（如没在规定时间内完成，则酌情扣分）</td><td>20分</td><td rowspan="2"></td></tr>
<tr><td>任务完成的正确度</td><td colspan="3">任务完成的正确性（错误1个点扣2分）</td><td>30分</td></tr>
<tr><td colspan="5">评价分数</td><td colspan="2"></td></tr>
<tr><td>简要评论</td><td colspan="6"></td></tr>
</table>

任务二　幼儿园生活活动的组织与实施

一、任务描述

模拟组织和实施任务一中任务工作单（检索号3-1-4）设计的幼儿园生活活动环节，并思考改进策略。

二、学习目标

（一）知识目标

（1）知道幼儿园各类型生活活动组织与实施的基本内容。

（2）理解幼儿园生活活动组织和实施的方法与形式。

（二）能力目标

掌握生活活动组织和实施的注意要点与基本要求，能较为科学合理地组织与实施幼儿园各类生活活动。

（三）素养目标

（1）以尊重、接纳、关爱的态度对待幼儿和幼儿园生活活动组织管理工作。

（2）重视团队成员之间的沟通，分工合理。

三、任务分析

（1）重点：能较为科学合理地组织与实施幼儿园各类生活活动。

（2）难点：在保障生活环节本位价值的基础上，找到适宜的切入点，将教育目标与内容自然无痕地渗透在幼儿园生活活动中。

四、相关知识链接

资源链接：幼儿园生活活动组织与实施的基本内容

（一）幼儿园生活活动组织与实施

1. 幼儿园生活活动实施的形式

（1）集体活动。全班幼儿共同参与，教师有计划地组织和实施幼儿园生活活动。短时间提供大量共同经验，注重教育内容的逻辑性，儿童在活动中相互启发，发展自律、合作意识。如晨间谈话活动、故事（绘本）欣赏等，多采用集体活动的形式。

（2）小组活动。幼儿分小组进行活动，在自由宽松的环境中选择不同的活动内容与同伴相互交流、商讨和合作、分析经验，能获得更多的表现机会，可以充分表现自己，有利于幼儿独立、自主、协作等精神的培养。同时，教师也能更好地观察每位幼儿的表现，给予他们针对性的指导。如饮水、洗手、如厕、户外活动时，常采用小组活动的形式。

（3）个别活动。幼儿独自活动，教师予以个别指导。个别活动形式有利于教师关注到每位幼儿的具体差异，因材施教，发挥幼儿的主体性。

2. 幼儿园生活活动组织与实施的方法

（1）动——设立班级管理员、值日生。可以在班级设立管理员和值日生，特别是在中、大班，以任务驱动的方式让幼儿在参与和执行任务的过程中主动内化相关学习经验，幼儿对服务集体的行为有着强烈的期待感。例如，我是小小值日生等。

（2）看——利用环境标识，渗透相关学习经验。制作相关的环境标识，投放在环境中，充分调动幼儿的视觉，充分利用环境的暗示作用及记录、评价作用，让幼儿在无意注意中习得相关学习经验。例如，七步洗手法、来园三部曲等。

（3）听——巧妙利用音乐，潜移默化传递学习经验。调动幼儿的听觉在潜移默化中进行学习。如在数学学习中，针对中班幼儿应达到“识别相对复杂的排列模式”（如abcabcabc模式）的要求，可以选择一些蕴含这些模式特征的音乐来播放。同时，音乐还可作为预知信号，当听到特定音乐时，幼儿自发整理材料、如厕、喝水等。

（4）说　　讨论设立规则。创设宽松的语言环境，让幼儿能充分表达自己的需求和想法，教师要懂得“放手”，让幼儿自己制定应该遵守的班级规则。同时，这样还能促进良好师幼关系的建立。

（二）幼儿园生活活动组织与实施的基本要求

1. 坚持——持之以恒

生活常规的养成并非一朝一夕就能达到的。因此，在日常生活中，我们要时常采用物化的形式提醒幼儿，帮助他们养成良好的常规意识（如图3-2-1所示）。

图3-2-1　物化的标识提醒

2. 班级教师达成一致

主配班教师之间要经常沟通，要求要一致，不能用双重标准执行规则，更不能在相同问题上你提你的要求，我提我的要求，导致幼儿产生茫然心理，不知该听谁的。

3. 渗透

具有启蒙性、广泛性和综合性的幼儿园生活活动是幼儿主要的学习内容和途径，生活经验常是零散的、琐碎的和不系统的。因此，在幼儿园生活活动中，我们要把握随机教育的契机，自然无痕地渗透幼儿教育的目标和内容。要实现自然无痕，教师需要做到以下三点：一是要基于不打扰当前幼儿生活环节正常进行的环境下去渗透；二是要基于当前幼儿的实然需要及发展水平去渗透；三是要基于允许当前幼儿存在个体差异的情况下去适时渗透。也就是要求教师把握好常规渗透和随机渗透的度，不刻意照搬他人做法，不追求同一种方法效果一定要达到一致。

4. 示范

教师要以身作则，凡要求幼儿做到的行为习惯或卫生习惯，教师首先必须先做到、做好，树立在幼儿群体中的榜样，提供正确的模仿学习案例，进行正面示范。

（三）幼儿园生活活动组织与实施的注意要点

（1）不强求一律、整齐划一，引导、支持和鼓励幼儿参与生活规则的建立。

（2）减少不必要的等待现象，避免隐性和显性的时间浪费；要满足幼儿受保护和独立的需要，避免包办代替的情况发生。

（3）确保幼儿在幼儿园生活活动中的安全，制定处理突发事件的应对措施。

五、任务分工

学生分组及任务分工表

<table>
<tr><td>班级</td><td></td><td>组号</td><td></td><td>指导教师</td><td></td></tr>
<tr><td>组长</td><td></td><td>学号</td><td colspan="3"></td></tr>
<tr><td rowspan="6">组员</td><td>姓名</td><td>学号</td><td>姓名</td><td colspan="2">学号</td></tr>
<tr><td></td><td></td><td></td><td colspan="2"></td></tr>
<tr><td></td><td></td><td></td><td colspan="2"></td></tr>
<tr><td></td><td></td><td></td><td colspan="2"></td></tr>
<tr><td></td><td></td><td></td><td colspan="2"></td></tr>
<tr><td></td><td></td><td></td><td colspan="2"></td></tr>
<tr><td colspan="6">任务分工</td></tr>
<tr><td colspan="6"></td></tr>
</table>

六、任务实施

任务工作单 1

组号：__________ 姓名：__________ 学号：__________ 检索号：3-2-1

引导问题：

根据任务一中完成的幼儿园生活活动设计方案，思考组织与实施该活动所需的环境（以平面图呈现）、相关材料和教具（以图片呈现）。

任务工作单 2

组号：＿＿＿＿＿　姓名：＿＿＿＿＿　学号：＿＿＿＿＿　检索号：3-2-2

引导问题：

（1）根据任务一中的幼儿园生活活动设计方案，思考组织与实施该活动三位教师的分工。

①主班：＿＿＿＿＿＿＿＿＿＿＿＿＿＿＿＿＿＿＿＿＿＿＿＿＿＿＿＿＿＿

②配班：＿＿＿＿＿＿＿＿＿＿＿＿＿＿＿＿＿＿＿＿＿＿＿＿＿＿＿＿＿＿

③保育员：＿＿＿＿＿＿＿＿＿＿＿＿＿＿＿＿＿＿＿＿＿＿＿＿＿＿＿＿＿

（2）根据任务一中的幼儿园生活活动设计方案，思考该活动组织与实施的要点。

任务工作单 3

组号：__________ 姓名：__________ 学号：__________ 检索号：3-2-3

引导问题：

小组间讨论，教师参与并指导，调整、完善活动准备、教师分工、组织与实施要点。

任务工作单 4

组号：________　姓名：________　学号：________　检索号：3-2-4

引导问题：

（1）各小组模拟组织和实施所设计幼儿园生活活动，借鉴经验，完善活动的组织与实施。

（2）根据模拟实施的情况自查、分析自己存在的不足之处及改进方法。

七、评价反馈

评价工作单 1

组号：________ 姓名：________ 学号：________ 检索号：3-2-5

自我评价表

<table>
<tr><td>班级</td><td></td><td>姓名</td><td></td><td>日期</td><td></td></tr>
<tr><td>评价指标</td><td colspan="3">评价内容</td><td>分数</td><td>分数评定</td></tr>
<tr><td>信息收集能力</td><td colspan="3">是否能有效利用网络、图书等资源，查找相关信息；是否能将查到的信息有效地传递到学习中</td><td>10分</td><td></td></tr>
<tr><td>感知课堂学习</td><td colspan="3">是否能在学习中获得满足感和认同感</td><td>10分</td><td></td></tr>
<tr><td rowspan="2">学习态度、沟通能力</td><td colspan="3">是否积极主动与教师、同学交流，相互尊重、理解；与教师、同学之间是否能保持多向、丰富、适宜的信息交流</td><td>5分</td><td rowspan="2"></td></tr>
<tr><td colspan="3">是否能处理好合作学习和独立思考的关系，做到有效学习；是否能提出有意义的问题或发表个人见解</td><td>5分</td></tr>
<tr><td rowspan="3">知识、能力获得情况</td><td colspan="3">是否知道幼儿园各类生活活动组织与实施的基本内容，以及方法和形式</td><td>10分</td><td rowspan="3"></td></tr>
<tr><td colspan="3">是否能在组织与实施幼儿园生活活动前，创设适宜的活动环境，准备好相关教具和材料；是否分工明确，做好充足的活动准备</td><td>15分</td></tr>
<tr><td colspan="3">是否能组织和实施所设计的幼儿园生活活动，并能根据实施情况，进行及时的反思</td><td>20分</td></tr>
<tr><td>思维能力</td><td colspan="3">是否能发现问题、提出问题、分析问题、解决问题、创新问题</td><td>10分</td><td></td></tr>
<tr><td>自我反思</td><td colspan="3">是否能按时保质完成任务；是否较好地掌握了知识点；是否具有较为全面、严谨的思维能力，能有条理地梳理观点并形成文字</td><td>15分</td><td></td></tr>
<tr><td colspan="4">评价分数</td><td colspan="2"></td></tr>
<tr><td rowspan="2">总体提炼</td><td>优点</td><td colspan="4"></td></tr>
<tr><td>不足</td><td colspan="4"></td></tr>
</table>

评价工作单 2

组号：＿＿＿＿＿　姓名：＿＿＿＿＿　学号：＿＿＿＿＿　检索号：3-2-6

小组内互评验收表

<table>
<tr><td>组长</td><td></td><td>组名</td><td></td><td>日期</td><td colspan="2"></td></tr>
<tr><td>验收成员姓名</td><td colspan="6"></td></tr>
<tr><td>任务要求</td><td colspan="6">了解幼儿园生活活动组织与实施的基本内容、要求及方法，了解幼儿园生活活动组织与实施的形式，能科学合理地组织与实施幼儿园各类生活活动，能以尊重、接纳、关爱的态度对待幼儿和一日生活组织管理工作。</td></tr>
<tr><td rowspan="2">文档验收清单</td><td colspan="6">被验收者任务工作单 3-2-1、3-2-2、3-2-3、3-2-4</td></tr>
<tr><td colspan="6">文献检索清单</td></tr>
<tr><td>评价指标</td><td colspan="4">评价内容</td><td>分数</td><td>分数评定</td></tr>
<tr><td>信息收集能力</td><td colspan="4">该同学是否能有效利用网络、图书等资源，查找相关信息；是否能将查到的信息有效地传递到学习中</td><td>10 分</td><td></td></tr>
<tr><td>感知课堂学习</td><td colspan="4">该同学是否能在学习中获得满足感和认同感</td><td>10 分</td><td></td></tr>
<tr><td rowspan="2">学习态度、沟通能力</td><td colspan="4">该同学是否能积极主动与教师、同学交流，相互尊重、理解；与教师、同学之间是否能保持多向、丰富、适宜的信息交流</td><td>5 分</td><td></td></tr>
<tr><td colspan="4">该同学是否能处理好合作学习和独立思考的关系，做到有效学习；是否能提出有意义的问题或发表个人见解</td><td>5 分</td><td></td></tr>
<tr><td rowspan="3">知识、能力获得情况</td><td colspan="4">该同学是否知道幼儿园各类型生活活动组织与实施的基本内容，以及方法和形式</td><td>10 分</td><td></td></tr>
<tr><td colspan="4">该同学是否能在组织与实施幼儿园生活活动前，创设适宜的活动环境，准备好相关教具和材料；是否分工明确，做好充足的活动准备</td><td>15 分</td><td></td></tr>
<tr><td colspan="4">该同学是否能组织和实施所设计的生活活动，并能根据实施情况，进行及时的反思</td><td>20 分</td><td></td></tr>
<tr><td>思维能力</td><td colspan="4">该同学是否能发现问题、提出问题、分析问题、解决问题、创新问题</td><td>10 分</td><td></td></tr>
<tr><td>自我反思</td><td colspan="4">该同学是否能按时保质完成任务；是否较好地掌握了知识点；是否具有较为全面、严谨的思维能力，能有条理地梳理观点并形成文字</td><td>15 分</td><td></td></tr>
<tr><td colspan="5">评价分数</td><td colspan="2"></td></tr>
<tr><td colspan="2">该同学的不足之处</td><td colspan="5"></td></tr>
<tr><td colspan="2">有针对性的改进建议</td><td colspan="5"></td></tr>
</table>

评价工作单 3

组号：__________ 姓名：__________ 学号：__________ 检索号：3-2-7

小组间互评验收表

<table>
<tr><td>验收组长</td><td></td><td>验收组号</td><td></td><td>日期</td><td></td></tr>
<tr><td>验收成员姓名</td><td colspan="5"></td></tr>
<tr><td rowspan="2">验收组完成的资料清单</td><td colspan="5">被验收者任务工作单3-2-1、3-2-2、3-2-3、3-2-4</td></tr>
<tr><td colspan="5">文献检索清单</td></tr>
<tr><td>评价指标</td><td colspan="3">评价内容</td><td>分数</td><td>分数评定</td></tr>
<tr><td rowspan="3">模拟展示</td><td colspan="3">幼儿园生活活动组织与实施是否科学、自然、有新意；组织与实施过程是否流畅，体现幼儿的自主性、活动性、积极性，师幼互动是否较好</td><td>40分</td><td rowspan="3"></td></tr>
<tr><td colspan="3">活动准备是否充分，分工是否合理</td><td>20分</td></tr>
<tr><td colspan="3">核心经验是否准确，能对应活动领域内容，活动目标是否达成情况较好，能契合主题活动</td><td>20分</td></tr>
<tr><td rowspan="2">内容正确度</td><td colspan="3">展示教态是否亲切自然，动作是否熟练有序</td><td>10分</td><td rowspan="2"></td></tr>
<tr><td colspan="3">语言是否准确、生动、精练，普通话是否流畅</td><td>10分</td></tr>
<tr><td colspan="4">评价分数</td><td colspan="2"></td></tr>
<tr><td>简要评述</td><td colspan="5"></td></tr>
</table>

评价工作单4

组号：＿＿＿＿＿　姓名：＿＿＿＿＿　学号：＿＿＿＿＿　检索号：3-2-8

任务完成情况评价表

<table>
<tr><td>任务名称</td><td colspan="2"></td><td>组名</td><td></td><td>总得分</td><td></td></tr>
<tr><td>评价依据</td><td colspan="6">学生完成的任务工作单3-2-1、3-2-2、3-2-3、3-2-4</td></tr>
<tr><td>评价内容</td><td>评价要点</td><td colspan="3">考查要点</td><td>分数</td><td>分数评定</td></tr>
<tr><td rowspan="2">模拟展示情况</td><td rowspan="2">根据设计方案组织实施幼儿园生活活动，备教一致</td><td colspan="3">活动准备、教师分工情况（酌情给分）</td><td rowspan="2">45分</td><td rowspan="2"></td></tr>
<tr><td colspan="3">模拟组织与实施过程是否流畅熟练（酌情给分）</td></tr>
<tr><td rowspan="2">互动交流情况</td><td rowspan="2">小组内交流，教学互动</td><td colspan="3">是否在小组内与其他成员积极交流，大胆表达自己的观点（酌情给分）</td><td rowspan="2">30分</td><td rowspan="2"></td></tr>
<tr><td colspan="3">是否愿意接受教师指导，或在遇到困难时，是否能主动寻求教师的帮助（酌情给分）</td></tr>
<tr><td rowspan="2">任务完成情况</td><td>规定时间内的完成度</td><td colspan="3">是否能在规定时间内完成任务（如没在规定时间内完成，则酌情扣分）</td><td>10分</td><td rowspan="2"></td></tr>
<tr><td>任务完成的正确度</td><td colspan="3">任务完成的正确性（错误1个点扣2分）</td><td>15分</td></tr>
<tr><td colspan="5">评价分数</td><td colspan="2"></td></tr>
<tr><td>简要评论</td><td colspan="6"></td></tr>
</table>

模块四　幼儿园集体教学活动的设计与指导

幼儿园集体教学活动是我国幼儿园教育活动中基本的组织形式之一，在学前教育中具有重要的地位和独特的价值。《幼儿园教育指导纲要（试行）》中指出："幼儿园教育活动是教师以多种形式有目的、有计划地引导幼儿生动、活泼、主动活动的教育过程。"因此，幼儿园集体教学活动是一种常见的幼儿园教育活动组织形式，承载着幼儿园为幼儿传授知识、给予经验、获取技能、陶冶情感等作用。

《3～6岁儿童学习与发展指南》的颁布，全面、系统地阐明了各年龄阶段幼儿在五大领域的发展目标，并对实现这些目标的具体方式和方法给出了可行性的建议，对提升教师的专业素质和实践能力具有指导意义。幼儿园集体教学活动是幼儿园课程实施的关键环节，在幼儿园教育实践中具有重要地位和独特价值。因此，提高幼儿教师集体教学活动的设计、组织和指导能力，可促进幼儿教师专业素质和实践能力的发展，进而提高教育活动效果和达成度，最终保证幼儿园教育活动的质量。

图4-1-1　幼儿园集体教学活动现场

任务一　幼儿园集体教学活动的设计

一、任务描述

根据对散文诗《美丽的秋天》的分析，设计一个幼儿园集体教学活动方案。

二、学习目标

（一）知识目标

（1）了解幼儿园集体教学活动的含义。
（2）理解幼儿园集体教学活动内容选择的原则。

（二）能力目标

掌握幼儿园集体教学活动设计方案的基本结构，初步尝试拟写幼儿园集体教学活动设计方案。

（三）素养目标

（1）建构幼儿园集体教学活动的思维模式，正确把握幼儿园集体教学活动的内涵。
（2）培养乐于思考、分析问题的意识。

三、任务分析

（1）重点：能初步撰写幼儿园集体教学活动方案（教案）。
（2）难点：能有效设计幼儿园集体教学活动目标。

四、相关知识链接

（一）幼儿园集体教学活动的含义

幼儿园集体教学活动，是在尊重幼儿身心发展规律，以幼儿已有经验为本，满足幼儿兴趣和需要的基础上，教师有目的、有计划地设计和组织的，以幼儿为主体、教师为主导的双向互动活动。幼儿园集体教学活动旨在促进儿童全面、健康、和谐和整体的发展。

（二）幼儿园集体教学活动的设计

微课：幼儿园集体教学活动设计

1. 幼儿园集体教学活动内容选择的原则

（1）要符合幼儿的年龄特点和生活经验。幼儿思维的特点是具体形象性思维占优势，抽象逻辑性思维开始萌芽。这就决定了幼儿的学习内容是粗浅的、形象的，要看得见、摸得着，要让幼儿亲身感受与体验。对幼儿来说，抽象的、系统的知识并不是最有价值的，日常生活中体验性、探索性的知识才对幼儿具有重要意义。在选编幼儿园集体教学活动内容时，一定要符合幼儿的年龄特点，教给幼儿的知识要尽可能地能让幼儿在生活中应用，这才是对幼儿有意义的知识。因此，幼儿园集体教学活动的内容应当与幼儿的生活实际、生活经验紧密相连，要注意由浅入深、由近及远、由简到繁，逐步扩展幼儿的学习内容。

（2）要满足幼儿的兴趣和需要。《幼儿园教育指导纲要（试行）》中指出，应善于发现幼儿感兴趣的事物、游戏和偶发事件中隐含的教育价值，把握时机，积极引导。教师可以通过观察幼儿及时捕捉幼儿的兴趣点所在，从幼儿感兴趣的事物中生成集体教学活动内容。也就是说，教师可以从幼儿关注的话题中、从吸引幼儿的事件中、从幼儿的角色行为中、从幼儿感兴趣的艺术作品中，寻找适合幼儿的集体教学活动内容。需要指出的是有些集体教学活动内容虽然不是幼儿感兴趣的，但是确实是需要幼儿掌握的，是对幼儿发展确有价值的活动内容。此时，教师可以通过各种手段和方法，或者采用幼儿感兴趣的活动方式，培养幼儿相应的兴趣，进而促进幼儿的发展。

（3）要有教育性和科学性。幼儿园各领域集体教学活动内容的选择，要充分考虑知识的教育功能，教师选择的集体教学活动内容不仅要能促使幼儿获得知识，还要发展幼儿良好的道德情感和健康人格，形成对事物的正确态度。幼儿园集体教学活动的内容还要符合科学性，即教师要向幼儿传授正确的知识技能。虽然传授给幼儿的是初级的、浅显的知识，但是教师对知识的介绍、说明、讲解、分析、运用等，必须严谨、准确无误，用通俗易懂的语言帮助幼儿形成科学的概念。

（4）要符合社会发展的需要。幼儿教育是面向未来的奠基教育，从幼儿终身学习和发展的角度出发，幼儿园集体教学活动内容必须能反映社会文化的发展进步，反映最新的科学技术成果，体现时代性。选编的幼儿园集体教学活动内容既要满足幼儿日后学习的需要，也要满足幼儿长远发展的需要。因此，幼儿园集体教学活动的内容既要反映知识发展的内在规律，又要符合幼儿的认知水平，这就需要协调学科逻辑与幼儿心理发展逻辑之间的矛盾。因此，幼儿园集体教学活动内容的选编要注意知识逻辑上的衔接，由浅入深、由易到难、由具体到抽象、由简单到复杂，建立一个有序的关联性知识系统，循序渐进，为幼儿日后的学习奠定基础。

2. 幼儿园集体教学活动设计方案的基本结构

幼儿园集体教学活动是整个幼儿园教育活动体系中最具体、最详细的计划。幼儿园集体教学活动设计是直接指导幼儿教师进行教育活动的依据，幼儿园集体教学活动设计详细地表述了幼儿教育活动的目标、内容及教育活动的过程，也就是我们常说的教案。

（1）活动名称。活动名称要写清楚幼儿园集体教学活动的具体类型，适合于何种年龄阶段，具体内容是什么。

（2）活动目标。活动目标要写清楚通过本次幼儿园集体教学活动应达到的具体目标要求，包括认知目标、情感目标、动作技能目标等。

（3）活动准备。活动准备包括教师、幼儿的知识、经验准备，物质材料准备，活动场地准备。

（4）活动过程。

①开始部分：主要是导入幼儿园集体教学活动的内容，吸引幼儿的注意力，激发幼儿的学习兴趣，导入方法要体现趣味性、启发性和针对性等特点。

②基本部分：幼儿园集体教学活动的主体部分与活动目标相对应，每个环节的设计都应围绕活动目标进行，环环相扣，层层递进。

③结束部分：活动过程的最后一部分内容，可采用自然结束法、总结法、游戏表演法、作品展示法和后续延伸法等形式。

（5）活动延伸。根据本次幼儿园集体教学活动中幼儿的兴趣和活动内容，适当地进行教学活动的巩固和延伸，如其他领域中的渗透、区角游戏活动、户外游戏活动、家园配合等。

五、任务分工

学生分组及任务分工表

<table>
<tr><td>班级</td><td></td><td>组号</td><td></td><td>指导教师</td><td></td></tr>
<tr><td>组长</td><td></td><td>学号</td><td colspan="3"></td></tr>
<tr><td rowspan="6">组员</td><td>姓名</td><td>学号</td><td>姓名</td><td colspan="2">学号</td></tr>
<tr><td></td><td></td><td></td><td colspan="2"></td></tr>
<tr><td></td><td></td><td></td><td colspan="2"></td></tr>
<tr><td></td><td></td><td></td><td colspan="2"></td></tr>
<tr><td></td><td></td><td></td><td colspan="2"></td></tr>
<tr><td></td><td></td><td></td><td colspan="2"></td></tr>
<tr><td colspan="6">任务分工</td></tr>
<tr><td colspan="6"></td></tr>
</table>

六、任务实施

任务工作单 1

组号：__________ 姓名：__________ 学号：__________ 检索号：4-1-1

引导问题：

散文诗：《美丽的秋天》

扫描右侧二维码，阅读散文诗《美丽的秋天》，完成下列任务。

（1）请判断散文诗《美丽的秋天》适合哪个年龄班的幼儿学习。

（2）结合散文诗《美丽的秋天》的内容，设计一个幼儿园集体教学活动方案。

任务工作单 2

组号：________ 姓名：________ 学号：________ 检索号：4-1-2

引导问题：

各小组间交流讨论，教师参与并指导，调整、完善幼儿园集体教学活动设计方案。

任务工作单 3

组号：__________ 姓名：__________ 学号：__________ 检索号：4-1-3

引导问题：

（1）每个小组推荐一位小组长，汇报幼儿园集体教学活动设计方案，借鉴经验，完善方案。

（2）自查、分析自己存在的不足之处及改进方法。

七、评价反馈

评价工作单 1

组号：__________ 姓名：__________ 学号：__________ 检索号：4-1-4

自我评价表

<table>
<tr><td>班级</td><td></td><td>姓名</td><td></td><td>日期</td><td></td></tr>
<tr><td>评价指标</td><td colspan="3">评价内容</td><td>分数</td><td>分数评定</td></tr>
<tr><td>信息收集能力</td><td colspan="3">是否能有效利用网络、图书等资源，查找相关信息；是否能将查到的信息有效地传递到学习中</td><td>10分</td><td></td></tr>
<tr><td>感知课堂学习</td><td colspan="3">是否能在学习中获得满足感和认同感</td><td>10分</td><td></td></tr>
<tr><td rowspan="2">学习态度、沟通能力</td><td colspan="3">是否积极主动与教师、同学交流，相互尊重、理解；与教师、同学之间是否能保持多向、丰富、适宜的信息交流</td><td>5分</td><td rowspan="2"></td></tr>
<tr><td colspan="3">是否能处理好合作学习和独立思考的关系，做到有效学习；是否能提出有意义的问题或发表个人见解</td><td>5分</td></tr>
<tr><td rowspan="2">知识、能力获得情况</td><td colspan="3">是否知道幼儿园集体教学活动的内涵和幼儿园集体教学活动内容选择的原则</td><td>15分</td><td rowspan="2"></td></tr>
<tr><td colspan="3">是否能根据幼儿园集体教学活动内容进行分析，初步尝试拟写集体教学活动设计方案</td><td>30分</td></tr>
<tr><td>思维能力</td><td colspan="3">是否能发现问题、提出问题、分析问题、解决问题、创新问题</td><td>10分</td><td></td></tr>
<tr><td>自我反思</td><td colspan="3">是否能按时保质完成任务；是否较好地掌握了知识点；是否具有较为全面、严谨的思维能力，能有条理地梳理观点并形成文字</td><td>15分</td><td></td></tr>
<tr><td colspan="4">评价分数</td><td colspan="2"></td></tr>
<tr><td rowspan="2">总体提炼</td><td>优点</td><td colspan="4"></td></tr>
<tr><td>不足</td><td colspan="4"></td></tr>
</table>

评价工作单 2

组号：________　姓名：________　学号：________　检索号：4-1-5

小组内互评验收表

<table>
<tr><td>组长</td><td></td><td>组名</td><td></td><td>日期</td><td></td></tr>
<tr><td>验收成员姓名</td><td colspan="5"></td></tr>
<tr><td>任务要求</td><td colspan="5">能说出幼儿园集体教学活动设计的基本流程，并初步尝试拟写幼儿园集体教学活动的设计流程</td></tr>
<tr><td rowspan="2">文档验收清单</td><td colspan="5">被验收者任务工作单4-1-1、4-1-2、4-1-3</td></tr>
<tr><td colspan="5">文献检索清单</td></tr>
<tr><td>评价指标</td><td colspan="3">评价内容</td><td>分数</td><td>分数评定</td></tr>
<tr><td>信息收集能力</td><td colspan="3">该同学是否能有效利用网络、图书等资源，查找相关信息；是否能将查到的信息有效地传递到学习中</td><td>10分</td><td></td></tr>
<tr><td>感知课堂学习</td><td colspan="3">该同学是否能在学习中获得满足感和认同感</td><td>10分</td><td></td></tr>
<tr><td rowspan="2">学习态度、沟通能力</td><td colspan="3">该同学是否能积极主动与教师、同学交流，相互尊重、理解；与教师、同学之间是否能保持多向、丰富、适宜的信息交流</td><td>5分</td><td></td></tr>
<tr><td colspan="3">该同学是否能处理好合作学习和独立思考的关系，做到有效学习；是否能提出有意义的问题或发表个人见解</td><td>5分</td><td></td></tr>
<tr><td rowspan="2">知识、能力获得情况</td><td colspan="3">该同学是否知道幼儿园集体教学活动的内涵，以及教学活动内容选择的原则</td><td>15分</td><td></td></tr>
<tr><td colspan="3">该同学是否能根据对幼儿园集体教学活动内容的分析，设计完整、合理的教学活动方案，并提供参考文献的检索清单（若少于5项，缺1项扣1分）</td><td>30分</td><td></td></tr>
<tr><td>思维能力</td><td colspan="3">该同学是否能发现问题、提出问题、分析问题、解决问题、创新问题</td><td>10分</td><td></td></tr>
<tr><td>自我反思</td><td colspan="3">该同学是否能按时保质完成任务；是否较好地掌握了知识点；是否具有较为全面、严谨的思维能力，能有条理地梳理观点并形成文字</td><td>15分</td><td></td></tr>
<tr><td colspan="4">评价分数</td><td colspan="2"></td></tr>
<tr><td colspan="2">该同学的不足之处</td><td colspan="4"></td></tr>
<tr><td colspan="2">有针对性的改进建议</td><td colspan="4"></td></tr>
</table>

评价工作单 3

组号：________ 姓名：________ 学号：________ 检索号：4-1-6

小组间互评验收表

<table>
<tr><td>验收组长</td><td></td><td>验收组号</td><td></td><td>日期</td><td></td></tr>
<tr><td>验收成员姓名</td><td colspan="5"></td></tr>
<tr><td rowspan="2">验收组完成的资料清单</td><td colspan="5">被验收者任务工作单4-1-1、4-1-2、4-1-3</td></tr>
<tr><td colspan="5">文献检索清单</td></tr>
<tr><td>评价指标</td><td colspan="3">评价内容</td><td>分数</td><td>分数评定</td></tr>
<tr><td rowspan="3">汇报表述</td><td colspan="3">表述是否清晰准确</td><td>15分</td><td rowspan="3"></td></tr>
<tr><td colspan="3">语言是否流畅，普通话是否标准</td><td>10分</td></tr>
<tr><td colspan="3">是否能准确汇报该小组完成情况</td><td>15分</td></tr>
<tr><td rowspan="2">内容正确度</td><td colspan="3">内容是否正确</td><td>30分</td><td rowspan="2"></td></tr>
<tr><td colspan="3">句型表达是否到位</td><td>30分</td></tr>
<tr><td colspan="4">评价分数</td><td colspan="2"></td></tr>
<tr><td colspan="2">简要评述</td><td colspan="4"></td></tr>
</table>

评价工作单 4

组号：________ 姓名：________ 学号：________ 检索号：4-1-7

任务完成情况评价表

<table>
<tr><td>任务名称</td><td></td><td>组名</td><td></td><td>总得分</td><td></td></tr>
<tr><td>评价依据</td><td colspan="5">学生完成的任务工作单4-1-1、4-1-2、4-1-3</td></tr>
<tr><td>评价内容</td><td>评价要点</td><td colspan="2">考查要点</td><td>分数</td><td>分数评定</td></tr>
<tr><td rowspan="2">查阅文献情况</td><td rowspan="2">任务实施过程中文献查阅</td><td colspan="2">是否查阅文献资料不少于5份（缺1份扣1分）</td><td rowspan="2">20分</td><td rowspan="2"></td></tr>
<tr><td colspan="2">是否正确运用信息资料（描述错误扣2分）</td></tr>
<tr><td rowspan="2">互动交流情况</td><td rowspan="2">小组内交流，教学互动</td><td colspan="2">是否在小组内与其他成员积极交流，大胆表达自己的观点（酌情给分）</td><td rowspan="2">30分</td><td rowspan="2"></td></tr>
<tr><td colspan="2">是否愿意接受教师指导，或在遇到困难时，是否能主动寻求教师的帮助（酌情给分）</td></tr>
<tr><td rowspan="2">任务完成情况</td><td>规定时间内的完成度</td><td colspan="2">是否能在规定时间内完成任务（如没在规定时间内完成，则酌情扣分）</td><td>20分</td><td rowspan="2"></td></tr>
<tr><td>任务完成的正确度</td><td colspan="2">任务完成的正确性（错误1个点扣2分）</td><td>30分</td></tr>
<tr><td colspan="4">评价分数</td><td colspan="2"></td></tr>
<tr><td>简要评论</td><td colspan="5"></td></tr>
</table>

任务二　幼儿园集体教学活动的组织与实施

一、任务描述

模拟组织和实施任务工作单（检索号4-2-1、4-2-2、4-2-3）设计的幼儿园集体教学活动，并思考改进策略。

二、学习目标

（一）知识目标

（1）理解幼儿园集体教学活动组织的含义及内容。
（2）掌握幼儿园集体教学活动组织与实施的方法和策略。

（二）能力目标

能根据幼儿园集体教学活动设计方案（教案），组织和实施教学活动，备教基本一致。

（三）素养目标

（1）培养热爱学前教育事业，具有职业理想和敬业精神的素养。
（2）培养乐于思考、分析问题的意识。
（3）培养团队合作意识。

三、任务分析

（1）重点：能根据幼儿园集体教学活动设计方案（教案），组织和实施教学活动，备教基本一致。

（2）难点：能针对幼儿园集体教学活动实施过程中出现的问题，及时调整方法和策略。

四、相关知识链接

微课：集体教学活动组织与指导

（一）幼儿园集体教学活动的组织与实施

幼儿园集体教学活动的组织是指按照幼儿园集体教学活动设计方案，完成各环节之间的流程。即前一个步骤向后一个步骤流畅地过渡，使内容与目标之间具有自然连贯性，促进幼儿的学习从低一层次向高一层次发展，保证活动目标得到有效实现。幼儿园集体教学活动的实施一般包括开始部分、基本部分、结束和延伸部分，不同的部分完成的任务、形式、时间都各不相同。

1. 开始部分

幼儿园集体教学活动首先要考虑如何依据幼儿的原有经验进行。在进行教学时，要首先了解幼儿的原有经验基础，其次根据新经验与幼儿原有经验之间的关系确定相应的教学方法。教师的主要作用是引导幼儿发现问题，并引发幼儿的思考，调动幼儿学习的兴趣，为下一步学习做好准备。开始部分最主要的目标是集中幼儿的注意力，调动幼儿学习的主动性和积极性。

2. 基本部分

幼儿园集体教学活动的基本部分是完成活动目标的主要部分，在实施幼儿园集体教学活动这一过程中，教师要注意以下几个方面。

（1）教学活动过程要调动多种感官参与学习。让幼儿通过摸一摸、看一看、说一说、猜一猜等多种形式接受、理解、获取相关知识，利用更多的大脑通路处理学习信息，建立起对知识与技能的深刻记忆，从而充分发挥幼儿的自主性，提高幼儿学习效率。

（2）发挥语言的交流作用。幼儿可以在学习的过程中表达自己的愿望、发现、结果。教师可以通过肯定、重复、追问等行为对幼儿做出有效的回应，或者进一步拓展幼儿的思路。在交流沟通方面，教师要注意培养幼儿的倾听能力和理解能力，提高交流表达的有效性。同时，教师还可以发挥语言的情绪感染性，在语言活动中融入浓浓的情感色彩，使幼儿入情，从而获得强烈的情感体验，达到活动目标。

3. 结束和延伸部分

结束和延伸部分是幼儿园集体教育活动实施部分的整理阶段。

结束部分主要是归纳和总结活动的主要内容。对于中、大班幼儿，教师要有意识地让幼儿整理小结，提升经验。

延伸部分是指在日常生活中对学习内容的巩固和迁移，可以在幼儿家里，也可以在幼儿园的区角、游戏等活动中完成。

（二）幼儿园集体教学活动组织与实施策略

资源链接：幼儿园集体教学活动组织与实施策略

教师在幼儿园集体教学活动中采用的方法和策略，是直接影响幼儿园集体教学活动质量和幼儿发展的重要因素。因此，对幼儿园集体教学活动组织与实施的方法和策略，也就成为衡量教师教育能力的重要指标之一。

五、任务分工

学生分组及任务分工表

<table>
<tr><td>班级</td><td></td><td>组号</td><td></td><td>指导教师</td><td></td></tr>
<tr><td>组长</td><td></td><td>学号</td><td colspan="3"></td></tr>
<tr><td rowspan="6">组员</td><td>姓名</td><td>学号</td><td>姓名</td><td colspan="2">学号</td></tr>
<tr><td></td><td></td><td></td><td colspan="2"></td></tr>
<tr><td></td><td></td><td></td><td colspan="2"></td></tr>
<tr><td></td><td></td><td></td><td colspan="2"></td></tr>
<tr><td></td><td></td><td></td><td colspan="2"></td></tr>
<tr><td></td><td></td><td></td><td colspan="2"></td></tr>
<tr><td colspan="6">任务分工</td></tr>
<tr><td colspan="6"></td></tr>
</table>

六、任务实施

任务工作单 1

组号：__________ 姓名：__________ 学号：__________ 检索号：4-2-1

引导问题：

根据任务一中完成的幼儿园集体教学活动设计方案，思考组织与实施该活动所需的环境（以平面图呈现），设计并制作活动教具（以图片呈现）。

任务工作单 2

组号：__________　姓名：__________　学号：__________　检索号：4-2-2

引导问题：

各小组模拟组织和实施所设计幼儿园集体教学活动，借鉴经验，调整、完善幼儿园集体教学活动组织与实施的方法和策略。

任务工作单 3

组号：__________ 姓名：__________ 学号：__________ 检索号：4-2-3

引导问题：

根据模拟实施的情况，自查、分析自己存在的不足之处及改进方法。

七、评价反馈

评价工作单 1

组号：__________ 姓名：__________ 学号：__________ 检索号：<u>4-2-4</u>

自我评价表

<table>
<tr><td>班级</td><td></td><td>姓名</td><td></td><td>日期</td><td></td></tr>
<tr><td>评价指标</td><td colspan="3">评价内容</td><td>分数</td><td>分数评定</td></tr>
<tr><td>信息收集能力</td><td colspan="3">是否能有效利用网络、图书等资源，查找相关信息；是否能将查到的信息有效地传递到学习中</td><td>10分</td><td></td></tr>
<tr><td>感知课堂学习</td><td colspan="3">是否能在学习中获得满足感和认同感</td><td>10分</td><td></td></tr>
<tr><td rowspan="2">学习态度、沟通能力</td><td colspan="3">是否积极主动与教师、同学交流，相互尊重、理解；与教师、同学之间是否能保持多向、丰富、适宜的信息交流</td><td>5分</td><td rowspan="2"></td></tr>
<tr><td colspan="3">是否能处理好合作学习和独立思考的关系，做到有效学习；是否能提出有意义的问题或发表个人见解</td><td>5分</td></tr>
<tr><td rowspan="3">知识、能力获得情况</td><td colspan="3">是否掌握幼儿园集体教学活动组织与实施的方法和策略</td><td>5分</td><td rowspan="3"></td></tr>
<tr><td colspan="3">是否能创设教学活动所需的环境，设计并制作相关教具和材料；活动准备是否充分</td><td>10分</td></tr>
<tr><td colspan="3">是否能根据幼儿园集体教学活动设计方案组织教学活动，备教一致</td><td>30分</td></tr>
<tr><td>思维能力</td><td colspan="3">是否能发现问题、提出问题、分析问题、解决问题、创新问题</td><td>10分</td><td></td></tr>
<tr><td>自我反思</td><td colspan="3">是否能按时保质完成任务；是否较好地掌握了知识点；是否具有较为全面、严谨的思维能力，能有条理地梳理观点并形成文字</td><td>15分</td><td></td></tr>
<tr><td colspan="4">评价分数</td><td colspan="2"></td></tr>
<tr><td rowspan="2">总体提炼</td><td>优点</td><td colspan="4"></td></tr>
<tr><td>不足</td><td colspan="4"></td></tr>
</table>

评价工作单 2

组号：________ 姓名：________ 学号：________ 检索号：4-2-5

小组内互评验收表

<table>
<tr><td>组长</td><td></td><td>组名</td><td></td><td>日期</td><td></td></tr>
<tr><td>验收成员姓名</td><td colspan="5"></td></tr>
<tr><td>任务要求</td><td colspan="5">掌握幼儿园集体教学活动组织与实施的方法和策略；能根据幼儿园集体教学活动设计方案，创设合理的环境，设计并制作适宜的教具和材料，组织和实施教学活动，备教一致。</td></tr>
<tr><td rowspan="2">文档验收清单</td><td colspan="5">被验收者任务工作单4-2-1、4-2-2、4-2-3、4-2-4</td></tr>
<tr><td colspan="5">文献检索清单</td></tr>
<tr><td>评价指标</td><td colspan="3">评价内容</td><td>分数</td><td>分数评定</td></tr>
<tr><td>信息收集能力</td><td colspan="3">该同学是否能有效利用网络、图书等资源，查找相关信息；是否能将查到的信息有效地传递到学习中</td><td>10分</td><td></td></tr>
<tr><td>感知课堂学习</td><td colspan="3">该同学是否能在学习中获得满足感和认同感</td><td>10分</td><td></td></tr>
<tr><td rowspan="2">学习态度、沟通能力</td><td colspan="3">该同学是否能积极主动与教师、同学交流，相互尊重、理解；与教师、同学之间是否能保持多向、丰富、适宜的信息交流</td><td>5分</td><td></td></tr>
<tr><td colspan="3">该同学是否能处理好合作学习和独立思考的关系，做到有效学习；是否能提出有意义的问题或发表个人见解</td><td>5分</td><td></td></tr>
<tr><td rowspan="3">知识、能力获得情况</td><td colspan="3">该同学是否掌握了幼儿园集体教学活动组织与实施的方法和策略</td><td>5分</td><td></td></tr>
<tr><td colspan="3">该同学是否能对幼儿园集体教学活动内容进行环境的创设以及教具的设计与制作</td><td>10分</td><td></td></tr>
<tr><td colspan="3">该同学是否能根据幼儿园集体教学活动设计方案，创设合理的环境，设计并制作适宜的教具和材料，组织和实施教学活动，备教一致</td><td>30分</td><td></td></tr>
<tr><td>思维能力</td><td colspan="3">该同学是否能发现问题、提出问题、分析问题、解决问题、创新问题</td><td>10分</td><td></td></tr>
<tr><td>自我反思</td><td colspan="3">该同学是否能按时保质完成任务；是否较好地掌握了知识点；是否具有较为全面、严谨的思维能力，能有条理地梳理观点并形成文字</td><td>15分</td><td></td></tr>
<tr><td colspan="4">评价分数</td><td colspan="2"></td></tr>
<tr><td colspan="2">该同学的不足之处</td><td colspan="4"></td></tr>
<tr><td colspan="2">有针对性的改进建议</td><td colspan="4"></td></tr>
</table>

评价工作单 3

组号：__________ 姓名：__________ 学号：__________ 检索号：4-2-6

小组间互评验收表

<table>
<tr><td>验收组长</td><td></td><td>验收组号</td><td></td><td>日期</td><td></td></tr>
<tr><td>验收成员姓名</td><td colspan="5"></td></tr>
<tr><td rowspan="2">验收组完成的资料清单</td><td colspan="5">被验收者任务工作单4-2-1、4-2-2、4-2-3</td></tr>
<tr><td colspan="5">文献检索清单</td></tr>
<tr><td>评价指标</td><td colspan="3">评价内容</td><td>分数</td><td>分数评定</td></tr>
<tr><td rowspan="3">汇报表述</td><td colspan="3">表述是否清晰准确</td><td>15分</td><td rowspan="3"></td></tr>
<tr><td colspan="3">语言是否流畅，普通话是否标准</td><td>10分</td></tr>
<tr><td colspan="3">是否能准确汇报该小组完成情况</td><td>15分</td></tr>
<tr><td rowspan="2">内容正确度</td><td colspan="3">内容是否正确</td><td>30分</td><td rowspan="2"></td></tr>
<tr><td colspan="3">句型表达是否到位</td><td>30分</td></tr>
<tr><td colspan="4">评价分数</td><td colspan="2"></td></tr>
<tr><td>简要评述</td><td colspan="5"></td></tr>
</table>

评价工作单 4

组号：________ 姓名：________ 学号：________ 检索号：4-2-7

任务完成情况评价表

任务名称		组名		总得分	
评价依据	学生完成的任务工作单4-2-1、4-2-2、4-2-3				
评价内容	评价要点	考查要点		分数	分数评定
查阅文献情况	任务实施过程中文献查阅	是否查阅文献资料不少于5份（缺1份扣1分）		20分	
		是否正确运用信息资料（描述错误扣2分）			
互动交流情况	小组内交流，教学互动	是否在小组内与其他成员积极交流，大胆表达自己的观点（酌情给分）		30分	
		是否愿意接受教师指导，或在遇到困难时，是否能主动寻求教师的帮助（酌情给分）			
任务完成情况	规定时间内的完成度	是否能在规定时间内完成任务（如没在规定时间内完成，则酌情扣分）		20分	
	任务完成的正确度	任务完成的正确性（错误1个点扣2分）		30分	
评价分数					
简要评论					

模块五　幼儿园游戏活动的设计与指导

阳阳开始玩梯子以后，他发现了玩梯子的乐趣。这一次，不仅有梯子，还有长长的木板，他在把梯子打开到最大以后，又去拿了一块长木板倾斜地放在梯子的横杆处，然后又拿了一块短一点的木板接在长木板的末端，拼好之后，他从梯子的另外一边爬了上去，坐在上面慢慢地尝试着像坐滑梯一样，准备好了之后他一松手，“哧溜”一下很快就滑了下来。旁边的孩子们看到后都像发现了新大陆一样，纷纷也想来尝试。

这是在幼儿园中幼儿真实的游戏场景，游戏是幼儿园的基本活动，教师想要设计适合幼儿的游戏活动，正确地指导幼儿的游戏活动，就必须对游戏有正确的认识，了解游戏的相关理论，理解游戏对幼儿的重要性，明确游戏、儿童游戏和幼儿园游戏的关系，掌握游戏设计与指导的方法，从而更好地观察幼儿的游戏，支持幼儿的游戏，促进幼儿的发展。

图5-1-1　幼儿园游戏活动——轮胎吊桥

任务一　幼儿园游戏活动的认知

一、任务描述

请阐述游戏的含义、游戏的基本理论、游戏的分类、游戏对儿童的发展及影响幼儿游戏的因素。

二、学习目标

（一）知识目标

（1）理解游戏的含义及特征。
（2）知道游戏对幼儿发展的作用。

（二）能力目标

（1）能理解影响幼儿游戏的因素。
（2）掌握经典的游戏理论和儿童游戏的分类。

（三）素养目标

把握幼儿游戏的重要性。

三、任务分析

（1）重点：掌握游戏对幼儿发展的重要作用及儿童游戏的分类。
（2）难点：理解游戏的早期经典理论。

四、相关知识链接

（一）游戏的含义与特征

1. 游戏的含义

福禄贝尔提出，“游戏是儿童内部存在的自我活动的表现，是一种本能性的活动”；著名的心理学家维果斯基指出，“游戏是社会性活动，是在真实的实践情况之外，在行动上再造某种生活现象……”。虽然，许多学者都对游戏的定义提出了自己的见解，但是都没有一个被普遍认同的、明确的定义。

2. 游戏的特征

（1）愉悦性。愉悦性是游戏最本质的特征，幼儿通过在游戏中与材料、同伴的互动获得愉快的情绪体验，正是因为游戏带来的积极情感，所以幼儿愿意一遍又一遍地重复进行游戏。游戏能让幼儿体验到主宰的快乐，体验到成功的快乐，体验到与人交往的快乐。当然，愉悦性并不意味着幼儿在游戏中表现出的一定是欢笑、轻松的表情，也可能是严肃、认真，甚至是略微紧张的神情，这是幼儿投入游戏的外在表现之一。当幼儿在体验游戏时，严肃、紧张中包含了愉悦的情绪，这些严肃认真也会转化为愉悦感。

（2）自主性。游戏之所以具有愉悦性，是因为游戏是自主、自愿的，不受到外界强制性的控制。很多幼儿在游戏时更关注的是游戏的过程，对于游戏的结果并没有那么重视。这个特点尤其在年龄小的幼儿身上体现得更明显。

（3）虚构性。游戏是区别于现实的，是依赖于幼儿的想象进行的，幼儿都知道自己的游戏不是真的，只是在玩游戏。例如，幼儿在角色游戏中扮演角色，体验角色的情感和职责，并用一些玩具替代真实的物品，这些装扮和替代都是虚构的，是幼儿想象的结果，幼儿正是通过这些虚构表达对生活的热爱，或是表达自己的需求和矛盾。

（4）规则性。幼儿游戏的过程是有一定规则约束的，不仅是规则游戏中特定的游戏规则，还包括同伴之间制定的隐性规则。例如，角色的限制、同伴的约定等，这些游戏规则都不是教师强加给幼儿的，而是在游戏中经过幼儿协商形成的。

（5）生活性。游戏虽然不同于生活，但是幼儿在游戏时总是假装吃饭、假装睡觉，这些虚构都是来源于现实生活的，都是幼儿对真实生活的模拟。只有当幼儿的真实生活经验越丰富、越充实时，游戏的内容才会越发生动、真实。

3. 游戏、儿童游戏、幼儿园游戏的关系

虽然我们难以对游戏下一个明确的定义，但是可以确定的是，游戏、儿童游戏和幼儿园游戏是一个明确的包含关系（如图5-1-2所示）。游戏是一个上位概念，儿童游戏隶属于游戏，游戏的主体是广阔的，内容和形式是多样的，儿童游戏的主体是幼儿，当儿童游戏在幼儿园发生，教师有目标的教育与儿童游戏相结合时，儿童游戏便成为幼儿园游戏。我们也能发现，儿童游戏是幼儿自主、自发产生的，对幼儿的影响既可能是正向的，也可能是负向的；而幼儿园游戏是有明确教育目标的，是由教师组织或参与的游戏活动。

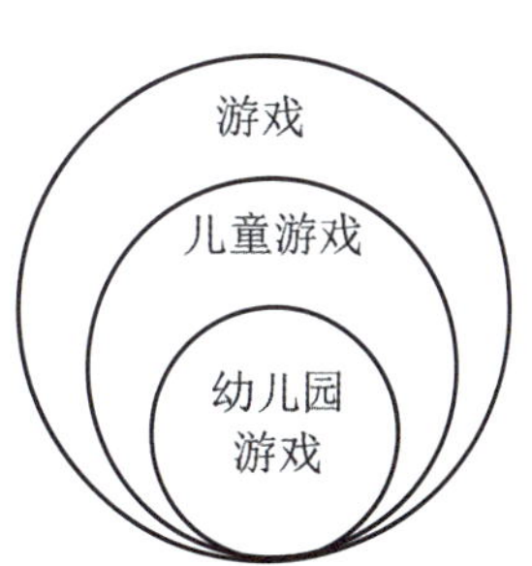

图5-1-2　游戏、儿童游戏、幼儿园游戏的包含关系

（二）儿童游戏的分类

1. 以儿童认知发展为依据的分类

（1）机能性游戏。机能性游戏也被称为“感觉运动游戏”，即幼儿通过自己的感觉器官和动作对周围环境进行认知，都是简单的重复动作，这一游戏阶段主要集中在幼儿0～2岁时，以自己的身体为中心，逐步拓展到摆弄物品，不断重复练习这些简单的动作，

经过长时间的练习后，会产生新的动作。例如，敲东西、拿起东西又放下、滑滑梯等。

（2）象征性游戏。象征性游戏主要产生于2岁以后，使用的是以物替物的方式进行，或者把自己假装成另一个角色，即以人代人，这两种都是象征的典型表现方式，通过代替模仿真实生活，如幼儿的“过家家”“小医院”“小超市”等都是这一类型的游戏。

（3）规则性游戏。规则性游戏是以游戏规则判断输赢的游戏，参与的人数需要两人或两人以上，是一种有竞争性或合作性的游戏，包含智力游戏、体育游戏、音乐游戏、民间游戏等。规则性游戏适合4岁以上的幼儿，是儿童游戏的高级形式。

（4）结构性游戏。结构性游戏是幼儿结构物体的活动，在结构中可运用多种材料，如积木、乐高、黏土、吸管等。

2. 以儿童社会性发展为依据的分类

（1）独自游戏。独自游戏是指幼儿一个人玩玩具，即使周围有同伴在场，也没有与之互动，而是按照自己的想法，玩自己的游戏。

（2）平行游戏。平行游戏与独自游戏相似，仍然是幼儿独自玩游戏，但是在周围的其他幼儿玩的是与之相同或相似的游戏。在玩游戏的过程中，幼儿会关注到同伴的行为，甚至会模仿同伴的玩法，但是依然没有过多的互动和交谈。

（3）联合游戏。联合游戏是两人或两人以上的游戏，幼儿与同伴共同游戏，会根据游戏的主题和内容进行交流，出现赞同或否定的意见。但是，幼儿在游戏时并没有明确的分工，而是各自按照自己的兴趣和需要进行游戏的。

（4）合作游戏。合作游戏是指幼儿围绕同一主题和内容一起游戏，幼儿出现了鲜明的分工，能遵守游戏中的规则，相互配合，这也体现了幼儿的社会性发展。

3. 以儿童游戏的教育作用为依据的分类

如图5-1-3所示，我国幼儿园常将儿童游戏按照其教育作用分为创造性游戏和规则性游戏。创造性游戏是幼儿自主、自愿创造的游戏，没有具体的规则，可随时根据幼儿自身的需求改变内在规则，这类游戏都反映出幼儿对真实生活或文学作品的态度和理解；而规则性游戏主要是教师组织的游戏，游戏中有明确的规则，规则是核心，玩法不能超出规则的要求，有明确的目标和教育意义。

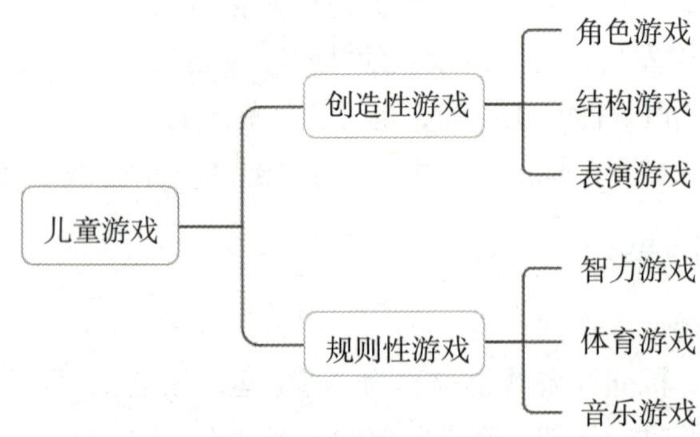

图5-1-3　以儿童游戏的教育作用为依据的分类

（三）游戏与儿童的发展

1. 游戏促进儿童身体发展

（1）体能发展。体能发展主要是身体素质和基本活动能力的提升。在游戏中需要进行多种活动，包括走、跑、跳、钻、攀爬等，这些活动能锻炼身体的平衡、耐力、力量等。除了粗大动作的发展外，泥工、剪纸等游戏也能促进幼儿精细动作的发展。

（2）适应能力提高。游戏让幼儿更加适应周围的环境，春、夏、秋、冬四个季节的户外游戏让幼儿能适应不同的温度、阳光。在游戏中接触大自然，适应大自然，根据季节和温度调整自己的生理需求与生理代谢，增强了幼儿对于变化的适应能力。

2. 游戏促进儿童认知发展

（1）感知能力提高。3～6岁的幼儿正处于直觉思维阶段，对世界的认识是通过触觉、听觉、视觉等感受的，通过多重的感受增进对世界的了解。在游戏时，幼儿可以真听、真看、真感受，激发对活动的兴趣，对事物进行深度感知。

（2）想象力发展。游戏能激发幼儿的想象力，最典型的表现就是幼儿能以物代物，将一个物品假装成另一个物品。游戏让幼儿能按照想象进行计划、思考，促使想象按照既定的目标发展，将想象变为现实。

（3）思维能力提高。思维能力是指解决问题的能力。当幼儿尝试解决问题时，必须调动已有的知识和经验，加工获得的多种信息，在获得解决问题能力的过程中，幼儿思维能力就得到了发展。

案例5-1-1

幼儿们在用梯子和木板搭建的滑梯游戏时，他们发现木板总是移动、下滑的问题。幼儿们提出，下面的短板太轻了，无法抵挡住长板的移动，需要一个更重的东西，于是他们想出了两种不同的方法，第一种方法是用积木和PVC管增加重量来挡住倾斜的木板，第二种方法是用墙边的大箱子来抵住。经过实验后，他们发现，放在梯子下面的东西不能太轻，要比木板重，甚至比木板更重的时候才能阻止其滑落。由此，幼儿们了解到了物体的质量与摩擦力、阻力间的关系。

可见，只有鼓励幼儿在游戏中提出问题，寻求多种方法解决问题时，幼儿的思维才能得到更好的发展。

3. 游戏促进儿童社会性发展

（1）自我意识发展。游戏能让幼儿站在他人的角度看世界。当幼儿把自己假扮成他人时，就需要转变自己的角度。例如，假扮妈妈的幼儿，需要为宝宝做饭、陪宝宝睡觉，将他人的经验融入自己的行动中，从而更加理解他人的世界，理解他人行为的出发点，在游戏中渐渐转变自己看世界的角度，摆脱自我中心。

（2）交往能力提高。幼儿的社会性交往、人际关系主要源于游戏。要进行游戏就必然要与同伴进行沟通交流，提高人际交往的能力。通过游戏和玩具材料，丰富幼儿互动的媒介，让幼儿以玩具、游戏、材料为联结，理解协商、合作、等待、交换等交往技巧，提高幼儿的交往能力。

4. 游戏促进儿童情感发展

（1）有助于体验积极情感。游戏的最本质特征就是愉悦性，幼儿在游戏中总是能感受到快乐、轻松、爱、满意、喜欢等积极的情感。在游戏中对自己感兴趣的事物进行探索，能体验成功感、自信心、自豪感。这些积极的情感会成为原动力，让幼儿更乐意参与游戏。此外，在体验积极情感的同时，幼儿也能宣泄自己的消极情绪，将压抑在内心的不满、恐惧、紧张等消极情绪发泄出来，从而获得积极情感，保护了幼儿的心理健康。

（2）有助于产生高级情感。在游戏中体会美感、道德感、理智感等。例如，在美工区，我们常常能看到这样一个现象，在一名幼儿制作成一件作品后，周围的幼儿会对该作品做出评价。如果该作品漂亮、有创意，周围的幼儿就会学习其做法，并请该作品的创作者给予帮助。在这个案例中，我们就能看到，幼儿喜爱造型优美、颜色丰富的东西，这就是幼儿对美的感受，在游戏中感知美、创造美。紧接着，幼儿在他人的帮助下学习相关技能技巧，这体现了一种帮助、协作的行为，被帮助的幼儿能从中体验到友好的情感，而帮助人的幼儿会体验到被需要的情感，这就体现了幼儿的道德感。同时，还有幼儿的求知欲，当幼儿们能做出类似的作品，掌握一项新的技能后，他们的理智感就会得到满足。

资源链接：经典的游戏理论

资源链接：影响幼儿游戏的因素

五、任务分工

学生分组及任务分工表

<table>
<tr><td>班级</td><td></td><td>组号</td><td></td><td>指导教师</td><td></td></tr>
<tr><td>组长</td><td></td><td>学号</td><td colspan="3"></td></tr>
<tr><td rowspan="6">组员</td><td>姓名</td><td>学号</td><td>姓名</td><td colspan="2">学号</td></tr>
<tr><td></td><td></td><td></td><td colspan="2"></td></tr>
<tr><td></td><td></td><td></td><td colspan="2"></td></tr>
<tr><td></td><td></td><td></td><td colspan="2"></td></tr>
<tr><td></td><td></td><td></td><td colspan="2"></td></tr>
<tr><td></td><td></td><td></td><td colspan="2"></td></tr>
<tr><td colspan="6">任务分工</td></tr>
<tr><td colspan="6"></td></tr>
</table>

六、任务实施

任务工作单 1

组号：__________ 姓名：__________ 学号：__________ 检索号：5-1-1

引导问题：

（1）游戏的特征有哪些？

（2）请阐述经典的游戏理论，并说明每个理论的基本观点。

（3）请说明儿童游戏的不同分类。

任务工作单 2

组号：__________　姓名：__________　学号：__________　检索号：5-1-2

引导问题：

（1）请查阅资料，说明精神分析学派游戏理论的基本观点。

（2）请查阅资料，说明认知发展学派游戏理论的基本观点。

任务工作单 3

组号：__________ 姓名：__________ 学号：__________ 检索号：5-1-3

引导问题：

（1）小组间讨论，教师参与并指导，确定任务工作单5-1-1、5-1-2的最优答案，并检讨自己存在的不足之处。

（2）每个小组推选出一位小组长，进行汇报。根据汇报情况，再次检讨自己存在的不足之处。

七、评价反馈

评价工作单 1

组号：________　姓名：________　学号：________　检索号：5-1-4

自我评价表

<table>
<tr><td>班级</td><td></td><td>姓名</td><td></td><td>日期</td><td></td></tr>
<tr><td>评价指标</td><td colspan="3">评价内容</td><td>分数</td><td>分数评定</td></tr>
<tr><td>信息收集能力</td><td colspan="3">是否能有效利用网络、图书等资源，查找相关信息；是否能将查到的信息有效地传递到学习中</td><td>10分</td><td></td></tr>
<tr><td>感知课堂学习</td><td colspan="3">是否能在学习中获得满足感和认同感</td><td>10分</td><td></td></tr>
<tr><td rowspan="2">学习态度、沟通能力</td><td colspan="3">是否积极主动与教师、同学交流，相互尊重、理解；与教师、同学之间是否能保持多向、丰富、适宜的信息交流</td><td>5分</td><td rowspan="2"></td></tr>
<tr><td colspan="3">是否能处理好合作学习和独立思考的关系，做到有效学习；是否能提出有意义的问题或发表个人见解</td><td>5分</td></tr>
<tr><td rowspan="3">知识、能力获得情况</td><td colspan="3">是否理解幼儿游戏的含义及特征</td><td>15分</td><td rowspan="3"></td></tr>
<tr><td colspan="3">是否掌握了经典的游戏理论</td><td>15分</td></tr>
<tr><td colspan="3">是否掌握了儿童游戏的不同分类</td><td>15分</td></tr>
<tr><td>思维能力</td><td colspan="3">是否能发现问题、提出问题、分析问题、解决问题、创新问题</td><td>10分</td><td></td></tr>
<tr><td>自我反思</td><td colspan="3">是否能按时保质完成任务；是否较好地掌握了知识点；是否具有较为全面、严谨的思维能力，能有条理地梳理观点并形成文字</td><td>15分</td><td></td></tr>
<tr><td colspan="4">评价分数</td><td colspan="2"></td></tr>
<tr><td rowspan="2">总体提炼</td><td>优点</td><td colspan="4"></td></tr>
<tr><td>不足</td><td colspan="4"></td></tr>
</table>

评价工作单 2

组号：________ 姓名：________ 学号：________ 检索号：5-1-5

小组内互评验收表

<table>
<tr><td>组长</td><td></td><td>组名</td><td></td><td>日期</td><td></td></tr>
<tr><td>验收成员姓名</td><td colspan="5"></td></tr>
<tr><td>任务要求</td><td colspan="5">了解游戏的基本理论，理解游戏的特征和作用，明确游戏、儿童游戏和幼儿园游戏的关系。任务完成过程中，至少包含5份文献检索清单</td></tr>
<tr><td rowspan="2">文档验收清单</td><td colspan="5">被验收者任务工作单5-1-1、5-1-2、5-1-3</td></tr>
<tr><td colspan="5">文献检索清单</td></tr>
<tr><td>评价指标</td><td colspan="3">评价内容</td><td>分数</td><td>分数评定</td></tr>
<tr><td>信息收集能力</td><td colspan="3">该同学是否能有效利用网络、图书等资源，查找相关信息；是否能将查到的信息有效地传递到学习中</td><td>10分</td><td></td></tr>
<tr><td>感知课堂学习</td><td colspan="3">该同学是否能在学习中获得满足感和认同感</td><td>10分</td><td></td></tr>
<tr><td rowspan="2">学习态度、沟通能力</td><td colspan="3">该同学是否能积极主动与教师、同学交流，相互尊重、理解；与教师、同学之间是否能保持多向、丰富、适宜的信息交流</td><td>5分</td><td></td></tr>
<tr><td colspan="3">该同学是否能处理好合作学习和独立思考的关系，做到有效学习；是否能提出有意义的问题或发表个人见解</td><td>5分</td><td></td></tr>
<tr><td rowspan="3">知识、能力获得情况</td><td colspan="3">该同学是否能说明幼儿游戏的特征。</td><td>15分</td><td></td></tr>
<tr><td colspan="3">该同学是否能理解幼儿园游戏活动的相关理论，并提供文献检索清单（若少于5项，缺1项扣1分）</td><td>15分</td><td></td></tr>
<tr><td colspan="3">该同学是否能说明游戏对幼儿发展的作用。</td><td>15分</td><td></td></tr>
<tr><td>思维能力</td><td colspan="3">该同学是否能发现问题、提出问题、分析问题、解决问题、创新问题</td><td>10分</td><td></td></tr>
<tr><td>自我反思</td><td colspan="3">该同学是否能按时保质完成任务；是否较好地掌握了知识点；是否具有较为全面、严谨的思维能力，能有条理地梳理观点并形成文字</td><td>15分</td><td></td></tr>
<tr><td colspan="4">评价分数</td><td colspan="2"></td></tr>
<tr><td>该同学的不足之处</td><td colspan="5"></td></tr>
<tr><td>有针对性的改进建议</td><td colspan="5"></td></tr>
</table>

评价工作单 3

组号：________ 姓名：________ 学号：________ 检索号：5-1-6

小组间互评验收表

<table>
<tr><td>验收组长</td><td></td><td>验收组号</td><td></td><td>日期</td><td></td></tr>
<tr><td>验收成员姓名</td><td colspan="5"></td></tr>
<tr><td rowspan="2">验收组完成的资料清单</td><td colspan="5">被验收者任务工作单5-1-1、5-1-2、5-1-3</td></tr>
<tr><td colspan="5">文献检索清单</td></tr>
<tr><td>评价指标</td><td colspan="3">评价内容</td><td>分数</td><td>分数评定</td></tr>
<tr><td rowspan="3">汇报表述</td><td colspan="3">表述是否清晰准确</td><td>15分</td><td rowspan="3"></td></tr>
<tr><td colspan="3">语言是否流畅，普通话是否标准</td><td>10分</td></tr>
<tr><td colspan="3">是否能准确汇报该小组完成情况</td><td>15分</td></tr>
<tr><td rowspan="2">内容正确度</td><td colspan="3">内容是否正确</td><td>30分</td><td rowspan="2"></td></tr>
<tr><td colspan="3">句型表达是否到位</td><td>30分</td></tr>
<tr><td colspan="4">评价分数</td><td colspan="2"></td></tr>
<tr><td colspan="2">简要评述</td><td colspan="4"></td></tr>
</table>

评价工作单 4

组号：__________ 姓名：__________ 学号：__________ 检索号：5-1-7

任务完成情况评价表

<table>
<tr><td>任务名称</td><td colspan="2"></td><td>组名</td><td></td><td>总得分</td><td></td></tr>
<tr><td>评价依据</td><td colspan="6">学生完成的任务工作单5-1-1、5-1-2、5-1-3</td></tr>
<tr><td>评价内容</td><td>评价要点</td><td colspan="3">考查要点</td><td>分数</td><td>分数评定</td></tr>
<tr><td rowspan="2">查阅文献情况</td><td rowspan="2">任务实施过程中文献查阅</td><td colspan="3">是否查阅文献资料不少于5份（缺1份扣1分）</td><td rowspan="2">20分</td><td rowspan="2"></td></tr>
<tr><td colspan="3">是否正确运用信息资料（描述错误扣2分）</td></tr>
<tr><td rowspan="2">互动交流情况</td><td rowspan="2">小组内交流，教学互动</td><td colspan="3">是否在小组内与其他成员积极交流，大胆表达自己的观点（酌情给分）</td><td rowspan="2">30分</td><td rowspan="2"></td></tr>
<tr><td colspan="3">是否愿意接受教师指导，或在遇到困难时，是否能主动寻求教师的帮助（酌情给分）</td></tr>
<tr><td rowspan="2">任务完成情况</td><td>规定时间内的完成度</td><td colspan="3">是否能在规定时间内完成任务（如没在规定时间内完成，则酌情扣分）</td><td>20分</td><td rowspan="2"></td></tr>
<tr><td>任务完成的正确度</td><td colspan="3">任务完成的正确性（错误1个点扣2分）</td><td>30分</td></tr>
<tr><td colspan="5">评价分数</td><td colspan="2"></td></tr>
<tr><td>简要评论</td><td colspan="6"></td></tr>
</table>

任务二　幼儿园游戏活动的设计与指导

一、任务描述

请说明教师设计与指导幼儿园游戏活动的意义、原则、方法，以及教师评价的方法。

二、学习目标

（一）知识目标

（1）理解教师设计与指导幼儿园游戏活动的意义。
（2）知道幼儿园游戏活动设计与指导的基本原则和一般方法。

（二）能力目标

掌握各类幼儿游戏活动设计与指导的基本要点，能设计幼儿园游戏活动。

（三）素养目标

（1）明确教师在幼儿园游戏活动中的角色，尊重幼儿的游戏权。
（2）培养善于思考、自主创新的意识。

三、任务分析

（1）重点：掌握各类幼儿园游戏活动的设计与指导方法，能设计幼儿园游戏活动。
（2）难点：理解设计与指导幼儿园游戏活动的意义、原则与评价方法。

四、相关知识链接

（一）教师设计与指导幼儿园游戏活动的意义

1. 发挥幼儿园游戏活动的正效应

游戏是幼儿全部生活的重要环节，在人类的童年时期起着不可替代的作用，游戏常常是自发、自主产生的，但由幼儿完全自发、自主产生的游戏时常会伴随着双重效应，即正效应和负效应。正效应在幼儿游戏中体现出的是游戏的正向价值，与教育的方向和幼儿的发展目标相一致。负效应则体现出幼儿在游戏中受到的负面影响，使幼儿养成了不良的生活、学习习惯，甚至会让幼儿的身体和心理都受到伤害，如幼儿园中部分男孩最喜欢的奥特曼游戏，这一游戏可能会让幼儿在游戏过程中发展身体的协调性、灵活性，提高沟通与交流的能力，但也可能会让幼儿过多接触暴力行为，还可能会有受伤的危险。

因此，缺少教师正确指导的幼儿游戏，对幼儿发展的价值是有待商榷的。

本节提出的幼儿游戏都是指在教育范畴内的幼儿园游戏活动，是具有正向作用的，体现出教师的智慧与教育目标，能促进幼儿的发展。教师应该有目标、有教育意识地计划好各种形式的幼儿园游戏活动，有的放矢地安排好各类游戏，让幼儿在游戏中全方面发展。

2. 推动幼儿游戏水平的提高

常言道，会玩的孩子更聪明。这是因为游戏能反映幼儿的认知水平、精细动作发展、社会性发展、语言能力发展等。幼儿的游戏往往是有玩伴的，他们在游戏中学习、借鉴玩伴的游戏经验，在他人的游戏中获得启发和灵感，融合在自己的游戏当中，使得自己的游戏越发丰富、复杂。这时，水平较高、更有创意的幼儿则承担了指导者的任务。

案例5-2-1

中班的小朱和禾禾在利用梯子与木板搭建“闯关游戏”，两把梯子放在两端，木板横着放在两把梯子中间，另一边斜靠着木板，做成了一滑滑梯。一旁的月月看到以后，不再只是躺在地上的垫子上，也学习小朱和禾禾的方法搭建了一个，但是另一边去掉了斜靠的木板，中间增加了一个横放着的木板，这个也不再是“闯关游戏”，而成了女孩子睡觉用的双层床。

已有研究表明，与幼儿自主进行游戏相比，有成人指导的幼儿游戏水平明显更高。当教师以多种形式包括实地参观、教师讲解等方法进行指导时，幼儿的游戏水平会比教师仅进行讲解时的游戏水平更高，这说明教师对于幼儿的游戏是有推动作用的。

然而，需要思考的问题是，幼儿是否需要教师的指导？什么时候需要教师的指导？教师的指导是否有正向效益？这就有赖于教师能树立正确的教育理念，有正确的设计与指导的原则和方法。

（二）教师设计与指导幼儿园游戏活动的基本原则

1. 与幼儿平等相处

幼儿接纳教师指导的首要前提，是教师与幼儿建立了和谐的关系，当幼儿从心理上能真心接纳教师时，教师的指导才能更加有效。在实际的幼儿园工作中，我们发现，当班级氛围较为紧张、高控时，幼儿游戏的自主性、创造性等相较于民主平等的班级的幼儿游戏水平更低。因此，只有当教师从外在和内在的形式上，注重与幼儿拉近距离，以同伴的身份加入幼儿的游戏时，幼儿才会更加愿意与教师分享自己的游戏发现和游戏创造，教师也才更加理解幼儿的游戏内容，能看到幼儿的“真”游戏。

2. 明确幼儿年龄特点

教师指导幼儿游戏一定要尊重幼儿的年龄特点，明确幼儿年龄特点的典型性表现，了解幼儿的发展水平。只有当幼儿接近某一水平时，才能理解其中的关系与知识，提升自己的游戏水平。就像年龄越小的孩子越依赖于实物，因此在游戏时应当为幼儿提供真实的材料，而不是提供替代物。年龄小的幼儿计划性也较弱，不能要求年龄小的幼儿先计划后落实，这是不现实的。因此，作为教师，在给幼儿提供指导前，必须明确幼儿年龄特点，根据幼儿的最近发展区提供相应的支架支撑，而不是为了提高幼儿的游戏水平揠苗助长。

3. 了解幼儿的游戏意愿

游戏是幼儿园的基本活动，这体现了游戏对幼儿的重要性，游戏应是让人感到愉悦的、轻松的，是愿意多次重复的，也是符合幼儿自身意愿的。但是，在幼儿园中有时会存在一些“假”游戏，这些“假”游戏可能是教师组织的游戏活动，丝毫不能激发幼儿的兴趣，甚至对于幼儿来说是在配合教师完成教学任务；也可能是教师强加自己意愿的游戏指导，使得游戏偏离了幼儿本身的意愿，不再是属于幼儿自己的游戏。因此，教师在指导幼儿的游戏前，要通过观察、分析等方法明确幼儿的兴趣与游戏的内容，在尊重幼儿游戏意愿的基础上，为幼儿的游戏提供指导，由此发挥幼儿的能动性，通过双方共同的努力，提高幼儿的游戏水平。

案例5-2-2

幼儿户外活动时用木块搭建了一座城堡，但是在搭建的过程中，教师观察到幼儿的城堡倒塌了好几次，为了帮助幼儿提高搭建的能力，教师带幼儿来到了墙边，观察砖块的搭建方式，指导该幼儿应该用砖块搭建墙的方式，把每块木块错开来，使城堡能更加稳固。在教师的指导下，第一面墙由教师和幼儿共同用砖块搭建墙的方式成功搭建出来，教师观察了一会儿后走开了，没过多久，该幼儿又按照之前自己的方式再次搭建了一个“蝴蝶结城堡”。

由此可以看出，幼儿的兴趣并不在于如何搭建稳固的城堡，而是更加关注自己城堡的外形。

4. 允许幼儿自由使用游戏材料

游戏材料是游戏的重要部分，是游戏乐趣的来源之一，为了能最大限度地让幼儿获得愉快的游戏体验，教师需要为幼儿准备丰富的材料，并能让幼儿自由地使用游戏材料。

在幼儿园中，材料的摆放是有很大学问的。首先，材料要摆放整齐，方便拿取，这就要求教师在投放材料时需要将材料放置在空旷、低矮的地方，保证幼儿能自由、安全地拿取，能看到各种材料，并随时按照自己的计划拿取。其次，要对材料设置相应的标识，以便幼儿能根据标签将材料放回。另外，游戏的材料要足够丰富。这里所说的丰富有两个属性，一个属性是材料数量的丰富，对于年龄小的幼儿来说，材料的数量更是需要多一些，以避免发生争抢；另一个属性是材料种类的丰富，在同一个区域要为幼儿提供不同种类的材料，例如，建构区不能只有积木，还应该有易拉罐、人物、纸箱、小车等其他材料，这时教师也要随时观察幼儿的能力，既可以让幼儿自由组合各种材料，也可以提示幼儿搭配不同材料，从而为游戏增加多种玩法，增强游戏的持久性、乐趣性。

（三）教师指导幼儿游戏的一般方法

1. 平行游戏法

平行游戏法是一种介入指导的方式，类似于帕登社会性游戏分类中的平行游戏，教师以一种同伴的角色融入幼儿的游戏，并不直接指导幼儿，而是尽量靠近幼儿，在幼儿的附近和幼儿玩同一玩具，两者之间没有互动、沟通和交流。这种介入方法的优势在于，教师不会过多地干涉幼儿的游戏，然而教师的行为无形中是对幼儿的支持与鼓励，幼儿能观察到教师的游戏行为，幼儿就能借鉴教师的不同玩法，引起幼儿对游戏的兴趣，将新的游戏玩法融入自己的游戏中，提高幼儿的游戏水平。

2. 共同游戏法

共同游戏法和平行游戏法最大的不同就是教师是否参与幼儿的游戏，在共同游戏法中，教师的角色是参与者，而不是主导者，教师需要配合幼儿的游戏，对幼儿的游戏做出回应，利用和幼儿游戏的时间及时对游戏中的流程、材料等提问，并提出建议，帮助幼儿反思游戏，从而更好地提升幼儿游戏的能力和水平。

3. 现实对比法

现实对比法是指，教师作为一个纯粹的观察者和指导者，不参与幼儿的游戏，也不示范游戏的玩法，而是运用讲解或图示的方法，影响幼儿游戏的行为，让幼儿在游戏时联想现实生活中的具体事物或情景，在对比后将其迁移到自己的游戏中。

案例5-2-3

中班幼儿在用乐高搭建游乐园，分别搭建了滑梯、围墙、摩天轮等游乐设施，教师看到幼儿们搭建的围墙以后就提出了问题："你们的游乐园没有门，大家怎么进去呢？"于是，幼儿们拆除了一段墙体，装上了一个门。

现实对比法的使用需要谨慎，因为它可能会影响幼儿的思维和对游戏的兴趣。但如果使用得当，则能增进幼儿对游戏的思考，从而使幼儿学习到新的经验。

资源链接：教师在游戏中的角色

资源链接：各类幼儿游戏活动的设计指导

五、任务分工

学生分组及任务分工表

<table>
<tr><td>班级</td><td></td><td colspan="2">组号</td><td colspan="2"></td><td colspan="2">指导教师</td><td></td></tr>
<tr><td>组长</td><td></td><td colspan="2">学号</td><td colspan="5"></td></tr>
<tr><td rowspan="6">组员</td><td colspan="2">姓名</td><td colspan="2">学号</td><td colspan="2">姓名</td><td colspan="2">学号</td></tr>
<tr><td colspan="2"></td><td colspan="2"></td><td colspan="2"></td><td colspan="2"></td></tr>
<tr><td colspan="2"></td><td colspan="2"></td><td colspan="2"></td><td colspan="2"></td></tr>
<tr><td colspan="2"></td><td colspan="2"></td><td colspan="2"></td><td colspan="2"></td></tr>
<tr><td colspan="2"></td><td colspan="2"></td><td colspan="2"></td><td colspan="2"></td></tr>
<tr><td colspan="2"></td><td colspan="2"></td><td colspan="2"></td><td colspan="2"></td></tr>
<tr><td colspan="9">任务分工</td></tr>
<tr><td colspan="9"></td></tr>
</table>

六、任务实施

任务工作单 1

组号：________ 姓名：________ 学号：________ 检索号：5-2-1

引导问题：

（1）说一说教师设计与指导幼儿园游戏活动的意义。

（2）教师设计与指导幼儿园游戏活动的基本原则有哪些？

（3）教师在幼儿园游戏活动中的角色是什么？

任务工作单 2

组号：________　姓名：________　学号：________　检索号：5-2-2

引导问题：

查阅资料，说明教师组织幼儿园游戏活动的一般流程。

任务工作单 3

组号：________ 姓名：________ 学号：________ 检索号：5-2-3

引导问题：

（1）扫描右侧二维码，观看视频，分析该视频中教师观察的要点有哪些？

视频：大班户外游戏活动

（2）你认为作为教师应该如何指导幼儿的游戏？

（3）接下来，应该为幼儿提供哪些材料或支持？

任务工作单 4

组号：________　姓名：________　学号：________　检索号：5-2-4

引导问题：

（1）小组间讨论，教师参与并指导，确定任务工作单5-2-1、5-2-2、5-2-3的最优答案，并检讨自己存在的不足之处。

（2）每个小组推选出一位小组长，进行汇报。根据汇报情况，再次检讨自己存在的不足之处。

七、评价反馈

评价工作单 1

组号：________ 姓名：________ 学号：________ 检索号：5-2-5

自我评价表

<table>
<tr><td>班级</td><td></td><td>姓名</td><td></td><td>日期</td><td></td></tr>
<tr><td>评价指标</td><td colspan="3">评价内容</td><td>分数</td><td>分数评定</td></tr>
<tr><td>信息收集能力</td><td colspan="3">是否能有效利用网络、图书等资源，查找相关信息；是否能将查到的信息有效地传递到学习中</td><td>10分</td><td></td></tr>
<tr><td>感知课堂学习</td><td colspan="3">是否能在学习中获得满足感和认同感</td><td>10分</td><td></td></tr>
<tr><td rowspan="2">学习态度、沟通能力</td><td colspan="3">是否积极主动与教师、同学交流，相互尊重、理解；与教师、同学之间是否能保持多向、丰富、适宜的信息交流</td><td>5分</td><td rowspan="2"></td></tr>
<tr><td colspan="3">是否能处理好合作学习和独立思考的关系，做到有效学习；是否能提出有意义的问题或发表个人见解</td><td>5分</td></tr>
<tr><td rowspan="3">知识、能力获得情况</td><td colspan="3">是否知道教师指导幼儿园游戏活动的意义</td><td>15分</td><td rowspan="3"></td></tr>
<tr><td colspan="3">是否明确教师组织幼儿园游戏活动的一般流程</td><td>15分</td></tr>
<tr><td colspan="3">是否理解教师在幼儿游戏中的作用</td><td>15分</td></tr>
<tr><td>思维能力</td><td colspan="3">是否能发现问题、提出问题、分析问题、解决问题、创新问题</td><td>10分</td><td></td></tr>
<tr><td>自我反思</td><td colspan="3">是否能按时保质完成任务；是否较好地掌握了知识点；是否具有较为全面、严谨的思维能力，能有条理地梳理观点并形成文字</td><td>15分</td><td></td></tr>
<tr><td colspan="4">评价分数</td><td colspan="2"></td></tr>
<tr><td rowspan="2">总体提炼</td><td>优点</td><td colspan="4"></td></tr>
<tr><td>不足</td><td colspan="4"></td></tr>
</table>

评价工作单 2

组号：＿＿＿＿＿　姓名：＿＿＿＿＿　学号：＿＿＿＿＿　检索号：5-2-6

小组内互评验收表

<table>
<tr><td>组长</td><td></td><td>组名</td><td></td><td>日期</td><td></td></tr>
<tr><td>验收成员姓名</td><td colspan="5"></td></tr>
<tr><td>任务要求</td><td colspan="5">教师指导幼儿园游戏活动的意义、原则、方法，以及教师评价的方法。任务完成过程中，至少包含5份文献检索清单</td></tr>
<tr><td rowspan="2">文档验收清单</td><td colspan="5">被验收者任务工作单5-2-1、5-2-2、5-2-3、5-2-4</td></tr>
<tr><td colspan="5">文献检索清单</td></tr>
<tr><td>评价指标</td><td colspan="3">评价内容</td><td>分数</td><td>分数评定</td></tr>
<tr><td>信息收集能力</td><td colspan="3">该同学是否能有效利用网络、图书等资源，查找相关信息；是否能将查到的信息有效地传递到学习中</td><td>10分</td><td></td></tr>
<tr><td>感知课堂学习</td><td colspan="3">该同学是否能在学习中获得满足感和认同感</td><td>10分</td><td></td></tr>
<tr><td rowspan="2">学习态度、沟通能力</td><td colspan="3">该同学是否能积极主动与教师、同学交流，相互尊重、理解；与教师、同学之间是否能保持多向、丰富、适宜的信息交流</td><td>5分</td><td></td></tr>
<tr><td colspan="3">该同学是否能处理好合作学习和独立思考的关系，做到有效学习；是否能提出有意义的问题或发表个人见解</td><td>5分</td><td></td></tr>
<tr><td rowspan="3">知识、能力获得情况</td><td colspan="3">该同学是否能说明教师在指导幼儿园游戏活动中的意义和基本原则</td><td>15分</td><td></td></tr>
<tr><td colspan="3">该同学是否能解释说明教师在幼儿游戏中的作用，并提供文献检索清单（若少于5项，缺1项扣1分）</td><td>15分</td><td></td></tr>
<tr><td colspan="3">该同学是否能结合材料分析并理解教师在游戏中对幼儿的观察与指导</td><td>15分</td><td></td></tr>
<tr><td>思维能力</td><td colspan="3">该同学是否能发现问题、提出问题、分析问题、解决问题、创新问题</td><td>10分</td><td></td></tr>
<tr><td>自我反思</td><td colspan="3">该同学是否能按时保质完成任务；是否较好地掌握了知识点；是否具有较为全面、严谨的思维能力，能有条理地梳理观点并形成文字</td><td>15分</td><td></td></tr>
<tr><td colspan="5">评价分数</td><td></td></tr>
<tr><td colspan="2">该同学的不足之处</td><td colspan="4"></td></tr>
<tr><td colspan="2">有针对性的改进建议</td><td colspan="4"></td></tr>
</table>

评价工作单 3

组号：__________ 姓名：__________ 学号：__________ 检索号：5-2-7

小组间互评验收表

<table>
<tr><td>验收组长</td><td></td><td>验收组号</td><td></td><td>日期</td><td colspan="2"></td></tr>
<tr><td>验收成员姓名</td><td colspan="6"></td></tr>
<tr><td rowspan="2">验收组完成的资料清单</td><td colspan="6">被验收者任务工作单5-2-1、5-2-2、5-2-3、5-2-4</td></tr>
<tr><td colspan="6">文献检索清单</td></tr>
<tr><td>评价指标</td><td colspan="4">评价内容</td><td>分数</td><td>分数评定</td></tr>
<tr><td rowspan="3">汇报表述</td><td colspan="4">表述是否清晰准确</td><td>15分</td><td rowspan="3"></td></tr>
<tr><td colspan="4">语言是否流畅，普通话是否标准</td><td>10分</td></tr>
<tr><td colspan="4">是否能准确汇报该小组完成情况</td><td>15分</td></tr>
<tr><td rowspan="2">内容正确度</td><td colspan="4">内容是否正确</td><td>30分</td><td rowspan="2"></td></tr>
<tr><td colspan="4">句型表达是否到位</td><td>30分</td></tr>
<tr><td colspan="5">评价分数</td><td colspan="2"></td></tr>
<tr><td>简要评述</td><td colspan="6"></td></tr>
</table>

评价工作单 4

组号：__________　姓名：__________　学号：__________　检索号：5-2-8

任务完成情况评价表

<table>
<tr><td>任务名称</td><td colspan="2"></td><td>组名</td><td></td><td>总得分</td><td></td></tr>
<tr><td>评价依据</td><td colspan="6">学生完成的任务工作单5-2-1、5-2-2、5-2-3、5-2-4</td></tr>
<tr><td>评价内容</td><td>评价要点</td><td colspan="3">考查要点</td><td>分数</td><td>分数评定</td></tr>
<tr><td rowspan="2">查阅文献情况</td><td rowspan="2">任务实施过程中文献查阅</td><td colspan="3">是否查阅文献资料不少于5份（缺1份扣1分）</td><td rowspan="2">20分</td><td rowspan="2"></td></tr>
<tr><td colspan="3">是否正确运用信息资料（描述错误扣2分）</td></tr>
<tr><td rowspan="2">互动交流情况</td><td rowspan="2">小组内交流，教学互动</td><td colspan="3">是否在小组内与其他成员积极交流，大胆表达自己的观点（酌情给分）</td><td rowspan="2">30分</td><td rowspan="2"></td></tr>
<tr><td colspan="3">是否愿意接受教师指导，或在遇到困难时，是否能主动寻求教师的帮助（酌情给分）</td></tr>
<tr><td rowspan="2">任务完成情况</td><td>规定时间内的完成度</td><td colspan="3">是否能在规定时间内完成任务（如没在规定时间内完成，则酌情扣分）</td><td>20分</td><td rowspan="2"></td></tr>
<tr><td>任务完成的正确度</td><td colspan="3">任务完成的正确性（错误1个点扣2分）</td><td>30分</td></tr>
<tr><td colspan="5">评价分数</td><td colspan="2"></td></tr>
<tr><td>简要评论</td><td colspan="6"></td></tr>
</table>

模块六　幼儿园区角活动的设计与指导

区角活动发端于西方，是一种“舶来品”。蒙台梭利首次明确提出了分区教育思想，开创了区角活动模式。《幼儿园教育指导纲要（试行）》中指出：“幼儿园教育应尊重幼儿的人格和权利，尊重幼儿身心发展的规律和学习特点，以游戏为基本活动，保教并重，关注个体差异，促进每个幼儿富有个性的发展。”《3～6岁儿童学习与发展指南》中指出，“尊重幼儿发展的个体差异。要珍视游戏和生活的独特价值”，并且要创设真实的生活情境，满足幼儿自主活动与探索的需求。此外，《幼儿园工作规程》（2016年版）指出：“幼儿园应当将环境作为重要的教育资源，合理利用室内外环境，创设开放的、多样的区域活动空间，提供适合幼儿年龄特点的丰富的玩具、操作材料和幼儿读物，支持幼儿自主选择和主动学习。”

幼儿园教育越来越强调幼儿的自主性发展、游戏活动的价值、环境的教育意义等，在这些科学精神与理念的指引下，区角活动受到了越来越多的关注，它的趣味性、自由性、开放性、探究性和主动性等特征符合政策文件的精神与要求，是幼儿园教育活动的重要组成部分。

图6-1-1　幼儿园语言区环境

任务一　幼儿园区角活动的认知

一、任务描述

认识幼儿园区角活动，说明幼儿园区角活动的内涵、特点及类型。

二、学习目标

（一）知识目标

（1）了解幼儿园区角活动的内涵和特点。
（2）理解幼儿园区角活动环境创设的基本内容。
（3）知道幼儿园区角活动的类型及规划要点。

（二）能力目标

（1）结合实习经历，分析幼儿园区角活动的教育价值。
（2）积极参与小组任务，探究幼儿园各区角的活动内容、核心经验、游戏流程、评价要点。

（三）素养目标

（1）认同幼儿园区角活动对促进幼儿个性化和全面协调发展的重要作用。
（2）愿意参与小组任务，与同伴分工合作。

三、任务分析

（1）重点：掌握幼儿园各区角的活动内容、核心经验、游戏流程、评价要点。
（2）难点：能理解幼儿园区角活动与幼儿园课程之间的关系。

四、相关知识链接

微课：幼儿园区角活动的认知

（一）幼儿园区角活动的内涵

幼儿园区角活动是根据教育目标和幼儿发展水平，教师和幼儿共同创设游戏化环境，投放活动材料，幼儿以个别活动或小组活动的方式，选择不同的区角空间，按照自己的意愿和能力，进行自主操作、探索、学习，在与环境互动的过程中，利用环境和材料的支撑，在游戏的体验中，获得直接经验、身体发展、情感体验。

（二）幼儿园区角活动的特点

1. 幼儿园区角活动环境的有限性和可规划性

幼儿园的场所和区角活动空间是有限的。通常，每个班级都既有区角划分，也有班级共用的区角活动空间。另外，根据每个学期教学主题和内容的不同，幼儿园的活动环境还会有不同的规划设计，并且定期调整外观装饰、材料投放，或者根据活动内容的变动和调整做中短期的规划。

2. 幼儿园区角活动内容的系统性和可持续性

幼儿园区角活动通常具有系统性的规划，根据班级类型和年龄特征教师会对一学期或一学年的活动进行整体规划，层层递进，主次有序，让活动内容之间保持衔接和相互促进。

3. 幼儿园区角活动过程的师生互动性

在幼儿园区角活动的组织和进行中，不仅教师和幼儿有更多的互动环节，幼儿与幼儿之间的互动也会比传统的集体教学多。教师可以充分利用幼儿园区角活动的过程与幼儿互动，引导幼儿与幼儿之间的合作和沟通，以及培养幼儿独立或团队解决问题的能力。

（三）幼儿园班级区角的数量与规模

幼儿园常见的区角有阅读区、建构区、角色区、益智区、语言区、美工区、科学区和生活区等。一般来说，每个区角最佳容纳5～7人，若一个班级活动室空间为60平方米左右，班上幼儿为30人左右，就需要设置6～7个区角。需要注意的是，不同区角活动，幼儿的活动方式不同，对空间大小和布置的需求也不一样，比如，阅读区需要更多独立的隔断或工作空间；建构区则需要更敞亮的，可以保障幼儿团体协作的空间。

（四）幼儿园区角环境创设的基本内容

1. 空间规划

幼儿园区角环境创设的空间规划，是指对班级所有区角进行整体协调统筹安排，根据区角活动的特殊需要，安排区角的最佳空间位置；各区角之间有适当的边界，且注意动区和静区要分开，关联性较强的区域可以设置相邻的位置。

2. 区角墙面环境创设

墙面在幼儿园区角环境创设中也是重要的环节和载体，墙面在环境中有记录、展示、操作互动、宣传普及等功能。因此，墙面的设计可以辅助区角活动的开展，丰富区角活动环境空间的层次。既可以通过在墙上布置富有逻辑的形象，便于直观地引导幼儿在区角活动中阅读信息、回忆和理解，也可以提供墙面空间让幼儿分享和展示自己的活动过程、活动成果，在一定程度上增进他们对区角空间的情感体验。

区角墙面环境创设的原则有：第一，具有引导性和标识性，主题明确，并以幼儿能理解的形象、图案做区域引导和标识；第二，外观简洁清晰，墙面是区角活动重要的空间且面积较大，在装饰设计时应注意外观简洁，不宜过度装饰，引起在活动空间内的视觉疲劳；第三，注重适宜的高度，墙面的设计和重要信息的布局，都需要考虑幼儿读取的适宜高度，应与幼儿视线相平为佳。

3. 区角材料投放

区角材料投放在幼儿园区角环境创设中具有重要意义，对于教师来说，材料是教育目标和教育内容的物化体现。对于幼儿来说，材料是主动构建经验知识和认知周围世界的桥梁。区角材料不仅丰富了幼儿游戏、学习的内容和形式，还能激发幼儿使用和操作材料的动机，积累丰富的生活经验。区角材料不仅是幼儿自主学习质量的重要保障，也是促进幼儿独立性、专注力、动手能力和表达能力综合发展的重要物质媒介。

4. 区角管理

幼儿园区角管理应遵循以下原则：第一，简洁明了的区域规划，在规划时应注意区角的可视性和开放性，一方面便于幼儿识别区角活动空间，另一方面便于教师在活动指导的时候纵观全局，能方便、及时地观察到每个幼儿的活动；第二，安排值日生对区角环境进行整理和管理，值日生可以是幼儿和教师共同担当，这样既可及时有效地维护区角环境，也可增加幼儿的责任感，培养幼儿良好的收纳意识和学习习惯；第三，清晰的材料标识，有助于幼儿明确快速地进入区角活动状态，找到相应的活动材料，也便于幼儿和教师在活动完成后归还材料与整理区角。

（五）幼儿园区角活动的价值与意义

1. 幼儿园区角活动对幼儿发展的价值与意义

幼儿园区角活动能促进幼儿自主性和主动性的发展，有利于引发幼儿的自主学习。

在幼儿园区角活动中，幼儿可以根据自己的兴趣和需要选择感兴趣的活动与材料，按照自己学习的速度进行活动，通过自主探索、操作、思考、体验，获得学习经验。例如，在建构区中，大班幼儿可以商议建构的内容，拟订建构计划，分工合作，共同完成一次作品的搭建。在这个过程中，幼儿能自己发现问题、解决问题，与同伴沟通交流，学会合作、分享。在完成作品后，幼儿能体验成功，获得自信，感受到快乐和满足。

2. 幼儿园区角活动对教师专业发展的价值与意义

在幼儿园区角活动中，教师面对的是个别或小组活动形式的幼儿，这为教师提供了一个在有限时空的环境中，在积极的师幼互动中，通过不断反思、调整和完善，提高自身专业能力，促进专业成长的机会。

教师能在幼儿园区角活动中充分观察每个幼儿的兴趣和需要，了解幼儿的实际发展水平和特点，以及个体间的差异，结合教育目标，分析、反思和调整幼儿园区角活动的环境与材料，让幼儿园区角活动能满足幼儿发展的需要。这种带有目的性的观察，能促进教师专业能力的提升。

资源链接：幼儿园区角活动的基本类型及规划要点

五、任务分工

学生分组及任务分工表

<table>
<tr><td>班级</td><td></td><td>组号</td><td></td><td>指导教师</td><td></td></tr>
<tr><td>组长</td><td></td><td>学号</td><td colspan="3"></td></tr>
</table>

<table>
<tr><td rowspan="6">组员</td><td>姓名</td><td>学号</td><td>姓名</td><td>学号</td></tr>
<tr><td></td><td></td><td></td><td></td></tr>
<tr><td></td><td></td><td></td><td></td></tr>
<tr><td></td><td></td><td></td><td></td></tr>
<tr><td></td><td></td><td></td><td></td></tr>
<tr><td></td><td></td><td></td><td></td></tr>
<tr><td colspan="5">任务分工</td></tr>
<tr><td colspan="5"></td></tr>
</table>

六、任务实施

任务工作单 1

组号：__________ 姓名：__________ 学号：__________ 检索号：6-1-1

引导问题：

（1）什么是幼儿园区角活动？谈谈你的理解。

（2）幼儿园区角活动的特点是什么？

（3）幼儿园常见的区角活动类型有哪些？

任务工作单 2

组号：__________ 姓名：__________ 学号：__________ 检索号：6-1-2

引导问题：

（1）查阅资料，请针对“幼儿园区角活动与幼儿园课程之间的关系”，谈谈你的理解。

（2）结合实习经历，你认为幼儿园区角活动的价值与意义是什么？

任务工作单 3

组号：__________ 姓名：__________ 学号：__________ 检索号：6-1-3

引导问题：

选择一个幼儿园区角，查阅资料，梳理并完成表格中的相关内容。

区角名称	
活动内容	
核心经验	
游戏流程	
评价要点	
优秀活动案例（图文并茂呈现）	

任务工作单 4

组号：__________　姓名：__________　学号：__________　检索号：6-1-4

引导问题：

（1）小组间讨论，教师参与并指导，确定任务工作单6-1-1、6-1-2、6-1-3的最优答案，并检讨自己存在的不足之处。

（2）每个小组推选出一位小组长，进行汇报。根据汇报情况，再次检讨自己存在的不足之处。

七、评价反馈

评价工作单 1

组号：__________ 姓名：__________ 学号：__________ 检索号：6-1-5

自我评价表

<table>
<tr><td>班级</td><td colspan="2"></td><td>姓名</td><td></td><td>日期</td><td></td></tr>
<tr><td>评价指标</td><td colspan="4">评价内容</td><td>分数</td><td>分数评定</td></tr>
<tr><td>信息收集能力</td><td colspan="4">是否能有效利用网络、图书等资源，查找相关信息；是否能将查到的信息有效地传递到学习中</td><td>10分</td><td></td></tr>
<tr><td>感知课堂学习</td><td colspan="4">是否能在学习中获得满足感和认同感</td><td>10分</td><td></td></tr>
<tr><td rowspan="2">学习态度、沟通能力</td><td colspan="4">是否积极主动与教师、同学交流，相互尊重、理解；与教师、同学之间是否能保持多向、丰富、适宜的信息交流</td><td>5分</td><td rowspan="2"></td></tr>
<tr><td colspan="4">是否能处理好合作学习和独立思考的关系，做到有效学习；是否能提出有意义的问题或发表个人见解</td><td>5分</td></tr>
<tr><td rowspan="3">知识、能力获得情况</td><td colspan="4">是否知道幼儿园区角活动的内涵、特点和类型，了解幼儿园班级区角的数量与规模</td><td>15分</td><td rowspan="3"></td></tr>
<tr><td colspan="4">是否掌握幼儿园各区角的活动内容、核心经验、游戏流程、评价要点</td><td>15分</td></tr>
<tr><td colspan="4">是否理解幼儿园区角活动与幼儿园课程之间的关系，认同幼儿园区角活动的价值和意义</td><td>15分</td></tr>
<tr><td>思维能力</td><td colspan="4">是否能发现问题、提出问题、分析问题、解决问题、创新问题</td><td>10分</td><td></td></tr>
<tr><td>自我反思</td><td colspan="4">是否能按时保质完成任务；是否较好地掌握了知识点；是否具有较为全面、严谨的思维能力，能有条理地梳理观点并形成文字</td><td>15分</td><td></td></tr>
<tr><td colspan="5">评价分数</td><td colspan="2"></td></tr>
<tr><td rowspan="2">总体提炼</td><td>优点</td><td colspan="5"></td></tr>
<tr><td>不足</td><td colspan="5"></td></tr>
</table>

评价工作单2

组号：＿＿＿＿　姓名：＿＿＿＿　学号：＿＿＿＿　检索号：6-1-6

小组内互评验收表

<table>
<tr><td>组长</td><td></td><td>组名</td><td></td><td>日期</td><td></td></tr>
<tr><td>验收成员姓名</td><td colspan="5"></td></tr>
<tr><td>任务要求</td><td colspan="5">知道幼儿园区角活动的内涵、特点和类型；了解幼儿园班级区角的数量与规模；理解幼儿园区角活动与幼儿园课程之间的关系，认同区角活动的价值和意义；掌握各区角的活动内容、核心经验、游戏流程、评价要点。任务完成过程中，至少包含5份文献检索清单</td></tr>
<tr><td rowspan="2">文档验收清单</td><td colspan="5">被验收者任务工作单6-1-1、6-1-2、6-1-3、6-1-4</td></tr>
<tr><td colspan="5">文献检索清单</td></tr>
<tr><td>评价指标</td><td colspan="3">评价内容</td><td>分数</td><td>分数评定</td></tr>
<tr><td>信息收集能力</td><td colspan="3">该同学是否能有效利用网络、图书等资源，查找相关信息；该同学是否能将查到的信息有效地传递到学习中</td><td>10分</td><td></td></tr>
<tr><td>感知课堂学习</td><td colspan="3">该同学是否能在学习中获得满足感和认同感</td><td>10分</td><td></td></tr>
<tr><td rowspan="2">学习态度、沟通能力</td><td colspan="3">该同学是否能积极主动与教师、同学交流，相互尊重、理解；与教师、同学之间是否能保持多向、丰富、适宜的信息交流</td><td>5分</td><td></td></tr>
<tr><td colspan="3">该同学是否能处理好合作学习和独立思考的关系，做到有效学习；是否能提出有意义的问题或发表个人见解</td><td>5分</td><td></td></tr>
<tr><td rowspan="3">知识、能力获得情况</td><td colspan="3">该同学是否知道幼儿园区角活动的内涵、特点和类型，以及班级区角的数量与规模</td><td>15分</td><td></td></tr>
<tr><td colspan="3">该同学是否掌握幼儿园各区角的活动内容、核心经验、游戏流程、评价要点，并提供文献检索清单（若少于5项，缺1项扣1分）</td><td>15分</td><td></td></tr>
<tr><td colspan="3">该同学是否能理解幼儿园区角活动与幼儿园课程的关系，在此基础上，理解并认同区角活动的价值与意义，并提供文献检索清单（若少于5项，缺1项扣1分）</td><td>15分</td><td></td></tr>
<tr><td>思维能力</td><td colspan="3">该同学是否能发现问题、提出问题、分析问题、解决问题、创新问题</td><td>10分</td><td></td></tr>
<tr><td>自我反思</td><td colspan="3">该同学是否能按时保质完成任务；是否较好地掌握了知识点；是否具有较为全面、严谨的思维能力，能有条理地梳理观点并形成文字</td><td>15分</td><td></td></tr>
<tr><td colspan="4">评价分数</td><td colspan="2"></td></tr>
<tr><td colspan="2">该同学的不足之处</td><td colspan="4"></td></tr>
<tr><td colspan="2">有针对性的改进建议</td><td colspan="4"></td></tr>
</table>

评价工作单 3

组号：________ 姓名：________ 学号：________ 检索号：6-1-7

小组间互评验收表

验收组长		验收组号		日期	
验收成员姓名					
验收组完成的资料清单	被验收者任务工作单6-1-1、6-1-2、6-1-3、6-1-4				
	文献检索清单				
评价指标	评价内容			分数	分数评定
汇报表述	表述是否清晰准确			15分	
	语言是否流畅，普通话是否标准			10分	
	是否能准确汇报该小组完成情况			15分	
内容正确度	内容是否正确			30分	
	句型表达是否到位			30分	
评价分数					
简要评述					

评价工作单 4

组号：＿＿＿＿　姓名：＿＿＿＿　学号：＿＿＿＿　检索号：6-1-8

任务完成情况评价表

任务名称		组名		总得分	
评价依据	学生完成的任务工作单6-1-1、6-1-2、6-1-3、6-1-4				
评价内容	评价要点	考查要点		分数	分数评定
查阅文献情况	任务实施过程中文献查阅	是否查阅文献资料不少于5份（缺1份扣1分）		20分	
		是否正确运用信息资料（描述错误扣2分）			
互动交流情况	小组内交流，教学互动	是否在小组内与其他成员积极交流，大胆表达自己的观点（酌情给分）		30分	
		是否愿意接受教师指导，或在遇到困难时，是否能主动寻求教师的帮助（酌情给分）			
任务完成情况	规定时间内的完成度	是否能在规定时间内完成任务（如没在规定时间内完成，则酌情扣分）		20分	
	任务完成的正确度	任务完成的正确性（错误1个点扣2分）		30分	
评价分数					
简要评论					

任务二　幼儿园区角活动的设计

一、任务描述

根据大班主题活动“我要上小学”，选择三个区角，设计幼儿园区角活动。

二、学习目标

（一）知识目标

（1）了解幼儿园区角活动设计的基本思路。
（2）理解幼儿园各类型区角活动的关键经验。

（二）能力目标

（1）掌握幼儿园区角活动内容的选择要点，能结合主题，选择区角活动内容。
（2）掌握幼儿园区角活动材料投放的原则，能根据幼儿园区角活动内容投放适宜的材料。

（三）素养目标

懂得尊重幼儿的个体差异。

三、任务分析

（1）重点：掌握幼儿园区角活动内容的选择要点，能结合主题，选择区角活动内容。
（2）难点：能根据幼儿园区角活动内容投放适宜的材料。

四、相关知识链接

（一）幼儿园区角活动设计的基本思路

幼儿园区角活动设计的基本思路为选择活动内容、拟定活动目标、进行活动准备（包括空间规划、材料投放等）、组织实施活动，以及进行活动评价和反思，具体内容如图6-2-1所示。

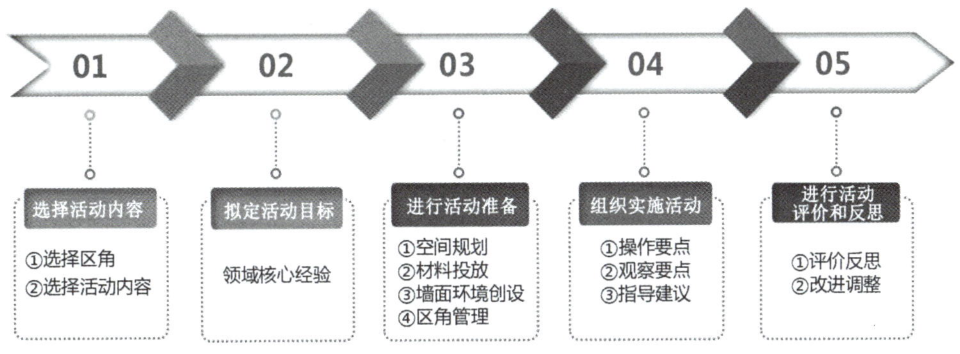

图6-2-1　幼儿园区角活动设计的基本思路

（二）幼儿园区角活动内容的选择

1. 幼儿园各年龄班开设的区角

（1）小班。3～4岁幼儿情感需求较强烈，喜欢摆弄和操作材料，小肌肉和精细动作发展较慢，生活自理能力较弱，处于独自游戏和平行游戏阶段。因此，小班常会开设娃娃家、生活区、美工区、图书区等区角，且投放一式多份的活动材料，增加幼儿精细动作、日常生活的练习和学习。

（2）中班。4～5岁幼儿活泼好动、喜欢探索，能积极运用感官感知事物，思维的概括性和心理活动的有意性进一步发展，任务意识增强，同伴交往增多。因此，中班常会开设的区角包括角色区、建构区、语言区、科学区等，以帮助幼儿发展语言、社会等能力，提高空间和自然科学认知能力。

（3）大班。5～6岁幼儿求知欲强，抽象思维开始萌芽，在活动中能制订行动计划或方案，能自己解决活动中的问题，规则意识强，具有一定的自我控制能力。因此，大班常会开设的区角包括益智区、科学区、语言区、美工区、角色区等，以支持幼儿个性化、多样化能力的发展，满足其好奇心和探索欲。

2. 幼儿园区角活动内容选择的原则

（1）生活性。幼儿园区角活动的设计要从幼儿的日常生活经验出发，幼儿园区角活动内容应该来源于幼儿的生活。幼儿园区角活动是幼儿自我经验建构的过程，脱离了现实生活和客观世界的内容，幼儿将无从感知和体验，也就无法通过亲身体验、实际操作、直接感知获得学习经验。

（2）操作性。在幼儿园区角活动中，幼儿可以通过自主选择活动内容和材料，动手操作材料，感知、体验、探索材料的玩法，并在此过程中积极思考，发现问题、解决问题，从而真正帮助幼儿内化经验，获得发展。因此，幼儿园区角活动内容的选择要注重操作性，选择能让幼儿动手操作、探究、摆弄和体验的。

（3）主题性。当前，幼儿园课程实施的主要方式是综合主题式活动。幼儿园区角活动可以配合幼儿园当下开展的主题式活动进行设计，有助于幼儿园区角活动的丰富。例如，在“中国茶”的主题里，设置了“茶叶店”“茶叶加工厂”“茶具制作吧”“茶吧”等区域。在“茶叶店”，幼儿了解各种茶叶的作用，挑选茶叶，学习购物并能用简单的钱币兑换；在“茶叶加工厂”，幼儿了解茶的制作过程，学会制茶；在“茶具制作吧”，幼儿学习制作茶壶，能表现出茶壶的基本特征，学习把壶身、壶盖、壶嘴、壶底和壶把进行艺术的拼接，并在成品茶壶上用牙签进行花纹的装饰。

此外，幼儿园区角活动还可以补充和平衡那些十分重要，但不太符合当前主题式活动的学习内容，促进幼儿全面、平衡发展。

（三）幼儿园区角活动材料投放的原则

1. 层次性

幼儿之间的发展存在个体差异，因此，我们要投放不同层次的材料，满足不同水平幼儿的发展需要。不同年龄班，同样的活动内容，材料层次性是不同的。同样的区角活动，要针对不同年龄班幼儿的发展特点，投放由易到难的材料。例如，角色区“娃娃家”，小班可以投放一式多份的材料（如炒菜的锅和铲子），满足幼儿摆弄材料的兴趣和需求；中班可以创设与“家”一样温馨的环境，炒菜的锅和铲子也只提供一份，帮助幼儿明确自身扮演的角色，提高幼儿的游戏水平；到了大班，“娃娃家”就较少出现在角色区活动内容中了，“银行”“快递驿站”“茶馆”等内容出现，幼儿逐渐开始关注周围的生活环境，想要去体验和了解不同的职业。

2. 丰富性

根据幼儿园区角活动内容，教师要提供数量充足、种类丰富的材料，供幼儿继续自主选择和操作。丰富性具体体现在以下两个方面。

（1）不同幼儿园区角活动提供不同材料。不同幼儿园区角活动的内容不同，活动所需的环境和材料也存在差异。因此，教师需要针对不同区角活动的目标和内容，有针对性地投放相应的材料。

（2）一个幼儿园区角提供多种不同材料。同一个区角活动内容虽相同，但材料可以不同，让幼儿有选择的空间。同时，材料的丰富性也能增加活动的有趣性，吸引幼儿的兴趣和专注力，增加对材料探索的深度。例如，在玩沙区，除了投放沙子以外，还可以投放铲子、桶、勺子、牙签、竹片等材料，让幼儿可以充分进行创作。

3. 情感性

幼儿教师要以积极的情绪推动幼儿的学习和发展，而充满情感色彩、具有生活性和情境性的环境与材料，更能激发幼儿的学习愿望和热情。赋予材料情感，能促进幼儿与材料之间的互动、对话，激发幼儿的创造力。例如，大班幼儿在“电影院”，根据电影票上提供的线索，给自己和班级其他同伴找座位，并将自己或同伴的照片插入座位背后的口袋里。

4. 探索性

将问题隐藏在材料中，以情境或游戏驱动解决问题，引导幼儿在操作材料的过程中，感受生活中的某些现象，关注事物之间的简单关系。例如，到户外玩“光与影”的游戏，以发现影子产生的条件，光源的变化会影响影子方式的变化等。此活动适合大班幼儿。

值得注意的是，以上四个原则相互联系、相互融合，只有把握好它们之间的关系，才能让幼儿园区角活动材料成为激发幼儿活动兴趣和获得学习经验，促进幼儿发展的媒介。除此以外，材料并不是一成不变的，而还应该根据需要，通过添加、减少、组合、调整等不同方式对材料进行完善和迁移，最大限度地挖掘和发挥材料的教育功能，赋予材料新的教育意义或生成新的活动内容，体现材料的多元价值，做到物尽其用。

资源链接：各类型幼儿园区角活动的关键经验

微课：幼儿园环创中色彩应用

五、任务分工

学生分组及任务分工表

<table>
<tr><td>班级</td><td></td><td colspan="2">组号</td><td colspan="2"></td><td colspan="2">指导教师</td><td></td></tr>
<tr><td>组长</td><td></td><td colspan="2">学号</td><td colspan="5"></td></tr>
<tr><td rowspan="6">组员</td><td colspan="2">姓名</td><td colspan="2">学号</td><td colspan="2">姓名</td><td colspan="2">学号</td></tr>
<tr><td colspan="2"></td><td colspan="2"></td><td colspan="2"></td><td colspan="2"></td></tr>
<tr><td colspan="2"></td><td colspan="2"></td><td colspan="2"></td><td colspan="2"></td></tr>
<tr><td colspan="2"></td><td colspan="2"></td><td colspan="2"></td><td colspan="2"></td></tr>
<tr><td colspan="2"></td><td colspan="2"></td><td colspan="2"></td><td colspan="2"></td></tr>
<tr><td colspan="2"></td><td colspan="2"></td><td colspan="2"></td><td colspan="2"></td></tr>
<tr><td colspan="9">任务分工</td></tr>
<tr><td colspan="9"></td></tr>
</table>

六、任务实施

任务工作单 1

组号：__________　姓名：__________　学号：__________　检索号：6-2-1

引导问题：

请结合大班主题活动“我要上小学”，选择三个不同类型的幼儿园区角，每个类型区角设计三个不同活动内容，并完成下方幼儿园区角活动设计表格。

区角	活动内容	活动主要材料	操作与探索	备注

任务工作单 2

组号：__________ 姓名：__________ 学号：__________ 检索号：6-2-2

引导问题：

小组间交流讨论，教师参与并指导，完善幼儿园区角活动设计。

区角	活动内容	活动主要材料	操作与探索	备注

任务工作单 3

组号：＿＿＿＿＿　姓名：＿＿＿＿＿　学号：＿＿＿＿＿　检索号：6-2-3

引导问题：

（1）每个小组推荐一位小组长，汇报幼儿园区角活动设计思路，借鉴经验，完善设计。

（2）自查、分析存在的不足之处及改进方法。

七、评价反馈

评价工作单 1

组号：＿＿＿＿＿ 姓名：＿＿＿＿＿ 学号：＿＿＿＿＿ 检索号： 6-2-4

自我评价表

<table>
<tr><td>班级</td><td></td><td>姓名</td><td></td><td>日期</td><td></td></tr>
<tr><td>评价指标</td><td colspan="3">评价内容</td><td>分数</td><td>分数评定</td></tr>
<tr><td>信息收集能力</td><td colspan="3">是否能有效利用网络、图书等资源，查找相关信息；是否能将查到的信息有效地传递到学习中</td><td>10分</td><td></td></tr>
<tr><td>感知课堂学习</td><td colspan="3">是否能在学习中获得满足感和认同感</td><td>10分</td><td></td></tr>
<tr><td rowspan="2">学习态度、沟通能力</td><td colspan="3">是否积极主动与教师、同学交流，相互尊重、理解；与教师、同学之间是否能保持多向、丰富、适宜的信息交流</td><td>5分</td><td rowspan="2"></td></tr>
<tr><td colspan="3">是否能处理好合作学习和独立思考的关系，做到有效学习；是否能提出有意义的问题或发表个人见解</td><td>5分</td></tr>
<tr><td rowspan="3">知识、能力获得情况</td><td colspan="3">是否了解幼儿园区角活动设计的基本思路，理解各类型区角活动的关键经验</td><td>10分</td><td rowspan="3"></td></tr>
<tr><td colspan="3">是否掌握幼儿园区角活动内容的选择要点，能结合主题，选择区角活动内容</td><td>20分</td></tr>
<tr><td colspan="3">是否掌握幼儿园区角活动材料投放的原则，能根据区角活动内容投放适宜的材料</td><td>20分</td></tr>
<tr><td>思维能力</td><td colspan="3">是否能发现问题、提出问题、分析问题、解决问题、创新问题</td><td>10分</td><td></td></tr>
<tr><td>自我反思</td><td colspan="3">是否能按时保质完成任务；是否较好地掌握了知识点；是否具有较为全面、严谨的思维能力，能有条理地梳理观点并形成文字</td><td>10分</td><td></td></tr>
<tr><td colspan="4">评价分数</td><td colspan="2"></td></tr>
<tr><td rowspan="2">总体提炼</td><td>优点</td><td colspan="4"></td></tr>
<tr><td>不足</td><td colspan="4"></td></tr>
</table>

评价工作单 2

组号：__________ 姓名：__________ 学号：__________ 检索号：6-2-5

小组内互评验收表

<table>
<tr><td>组长</td><td></td><td>组名</td><td></td><td>日期</td><td></td></tr>
<tr><td>验收成员姓名</td><td colspan="5"></td></tr>
<tr><td>任务要求</td><td colspan="5">了解幼儿园区角活动设计的基本思路，理解各类型区角活动的关键经验；掌握区角活动内容的选择要点及活动材料投放的原则</td></tr>
<tr><td>文档验收清单</td><td colspan="5">被验收者任务工作单6-2-1、6-2-2、6-2-3</td></tr>
<tr><td>评价指标</td><td colspan="3">评价内容</td><td>分数</td><td>分数评定</td></tr>
<tr><td>信息收集能力</td><td colspan="3">该同学是否能有效利用网络、图书等资源，查找相关信息；是否能将查到的信息有效地传递到学习中</td><td>10分</td><td></td></tr>
<tr><td>感知课堂学习</td><td colspan="3">该同学是否能在学习中获得满足感和认同感</td><td>10分</td><td></td></tr>
<tr><td rowspan="2">学习态度、沟通能力</td><td colspan="3">该同学是否能积极主动与教师、同学交流，相互尊重、理解；与教师、同学之间是否能保持多向、丰富、适宜的信息交流</td><td>5分</td><td></td></tr>
<tr><td colspan="3">该同学是否能处理好合作学习和独立思考的关系，做到有效学习；是否能提出有意义的问题或发表个人见解</td><td>5分</td><td></td></tr>
<tr><td rowspan="3">知识、能力获得情况</td><td colspan="3">该同学是否了解幼儿园区角活动设计的基本思路，理解各类型区角活动的关键经验</td><td>10分</td><td></td></tr>
<tr><td colspan="3">该同学是否掌握幼儿园区角活动内容的选择要点，能结合主题，选择区角活动内容</td><td>20分</td><td></td></tr>
<tr><td colspan="3">该同学是否掌握幼儿园活动材料投放的原则，能根据区角活动内容投放适宜的材料</td><td>20分</td><td></td></tr>
<tr><td>思维能力</td><td colspan="3">该同学是否能发现问题、提出问题、分析问题、解决问题、创新问题</td><td>10分</td><td></td></tr>
<tr><td>自我反思</td><td colspan="3">该同学是否能按时保质完成任务；是否较好地掌握了知识点；是否具有较为全面、严谨的思维能力，能有条理地梳理观点并形成文字</td><td>10分</td><td></td></tr>
<tr><td colspan="4">评价分数</td><td colspan="2"></td></tr>
<tr><td colspan="2">该同学的不足之处</td><td colspan="4"></td></tr>
<tr><td colspan="2">有针对性的改进建议</td><td colspan="4"></td></tr>
</table>

评价工作单 3

组号：＿＿＿＿＿ 姓名：＿＿＿＿＿ 学号：＿＿＿＿＿ 检索号：6-2-6

小组间互评验收表

<table>
<tr><td>验收组长</td><td></td><td>验收组号</td><td></td><td>日期</td><td></td></tr>
<tr><td>验收成员姓名</td><td colspan="5"></td></tr>
<tr><td>验收组完成的资料清单</td><td colspan="5">被验收者任务工作单6-2-1、6-2-2、6-2-3</td></tr>
<tr><td>评价指标</td><td colspan="3">评价内容</td><td>分数</td><td>分数评定</td></tr>
<tr><td rowspan="3">汇报表述</td><td colspan="3">表述是否清晰准确</td><td>15分</td><td rowspan="3"></td></tr>
<tr><td colspan="3">语言是否流畅，普通话是否标准</td><td>10分</td></tr>
<tr><td colspan="3">是否能准确汇报该小组完成情况</td><td>15分</td></tr>
<tr><td rowspan="2">内容正确度</td><td colspan="3">内容是否正确</td><td>30分</td><td rowspan="2"></td></tr>
<tr><td colspan="3">句型表达是否到位</td><td>30分</td></tr>
<tr><td colspan="4">评价分数</td><td colspan="2"></td></tr>
<tr><td colspan="2">简要评述</td><td colspan="4"></td></tr>
</table>

评价工作单 4

组号：________　姓名：________　学号：________　检索号：6-2-7

任务完成情况评价表

<table>
<tr><td>任务名称</td><td colspan="2"></td><td>组名</td><td></td><td>总得分</td><td></td></tr>
<tr><td>评价依据</td><td colspan="6">学生完成的任务工作单6-2-1、6-2-2、6-2-3</td></tr>
<tr><td>评价内容</td><td colspan="2">评价要点</td><td colspan="2">考查要点</td><td>分数</td><td>分数评定</td></tr>
<tr><td rowspan="2">互动交流情况</td><td rowspan="2" colspan="2">小组内交流，教学互动</td><td colspan="2">是否在小组内与其他成员积极交流，大胆表达自己的观点（酌情给分）</td><td rowspan="2">40分</td><td rowspan="2"></td></tr>
<tr><td colspan="2">是否愿意接受教师指导，或在遇到困难时，是否能主动寻求教师的帮助（酌情给分）</td></tr>
<tr><td rowspan="2">任务完成情况</td><td colspan="2">规定时间内的完成度</td><td colspan="2">是否能在规定时间内完成任务（如没在规定时间内完成，则酌情扣分）</td><td>30分</td><td rowspan="2"></td></tr>
<tr><td colspan="2">任务完成的正确度</td><td colspan="2">任务完成的正确性（错误1个点扣2分）</td><td>30分</td></tr>
<tr><td colspan="5">评价分数</td><td colspan="2"></td></tr>
<tr><td>简要评论</td><td colspan="6"></td></tr>
</table>

任务三　幼儿园区角活动的组织与指导

一、任务描述

请结合大班主题活动“我要上小学”，组织实施一个幼儿园区角活动。

二、学习目标

（一）知识目标

（1）理解幼儿园区角活动的观察内容及要点。

（2）知道幼儿园区角活动交流讲评的方式和内容。

（二）能力目标

（1）掌握幼儿园区角活动规则的内容，规则制定的方法和要点，能制定幼儿园区角活动规则。

（2）掌握幼儿园区角活动指导的方法和策略，能组织和指导幼儿园区角活动。

（三）素养目标

（1）促进幼儿园区角活动组织与指导能力素养的养成。

（2）动手动脑，积极参与讨论，大胆表达自己的观点和看法。

（3）重视环境育人的功能。

三、任务分析

（1）重点：掌握幼儿园区角活动观察与指导的方法和策略，能组织和指导区角活动。

（2）难点：能结合幼儿实际与幼儿园区角活动需要，拟定合理的幼儿园区角管理办法，与幼儿一起协商制定区角活动规则。

四、相关知识链接

（一）幼儿园区角活动规则

1. 幼儿园区角活动规则的内容

在进行幼儿园区角活动时，幼儿需要规则进行指导与约束，因此教师要在区角活动中制定规则，并将规则意识渗透给幼儿，让幼儿在快乐游戏的过程中也能遵守规则，保障活动能有序进行。

幼儿园区角活动规则制定需要根据不同的情况加以完善与规范。在幼儿园区角活动中，我们主张在不同情况下应制定不同规则，规则不是一步到位的，而是在幼儿进行区角活动过程的初、中、末阶段逐步完善的。在区角活动前制定规则让幼儿明确游戏的玩法，此时规则制定具有一定的强制性，要求幼儿在活动中必须遵守，对于这类规则，在进行区角活动前教师要明确向幼儿传达。例如，在进行活动时注重安全、保持安静，材料投放的归纳与整理等规则。在区角活动中，随着幼儿进行区角活动往往会出现各种问题，教师应该循序渐进引导幼儿自主、合作地找出解决问题的方法，并在原有规则的基础上让幼儿建立起合乎情节且更恰当的活动规则。区角活动后往往是反思问题、重建规则的重要阶段，教师要引导幼儿共同讨论，总结出现的问题，与幼儿一起反思并完善规则，进一步增强幼儿的规则意识。

2. 幼儿园区角活动规则制定的方法

（1）教师根据经验自主制定。在区角活动前，教师根据以往区角活动组织和指导的经验制定活动规则，此类规则往往具有强制性、参与性、基础性，要求幼儿在活动中遵守。对于此类规则，一般在活动前由教师向幼儿传达。常见的规则有安全规则、人数时间规则、操作说明规则等。

（2）结合情节矛盾师幼共同制定。幼儿在区角活动中往往会遇到规则之外的问题矛盾，教师可抓住这一关键“矛盾”与幼儿共同制定规则。如“小超市”区角活动中，在进行活动时，幼儿不遵守规则，不听教师指挥，争抢体验游戏。此时，教师可以抓住幼儿在此情境中产生的问题，与幼儿一同讨论，得出开设超市需要有顾客、售货员和收银员，幼儿需要分别扮演不同角色体验活动。采取师生共同参与，幼儿主动参与的规则制定法，使幼儿更容易接受和遵守。

（3）利用直观图示制定活动规则。教师可以利用直观图示制定活动规则，给予幼儿直接刺激，让幼儿在看到图示后得到相应的暗示，学会接受和领悟活动规则。因此，在幼儿园区角活动中，加入富有趣味的创设并采用各种图示，有利于制定与遵守规则。

3. 幼儿园区角活动规则制定的要点

（1）适应性原则，规则制定应遵循幼儿身心发展规律。规则制定要紧紧围绕幼儿年龄特点、个性差异与发展需求，要采用幼儿可接受的方式。

（2）尊重性原则，规则制定要与幼儿共商、共建。在进行区角活动时，教师要引导幼儿主动制定规则，发展幼儿思维，促进其社会性发展。

（3）可行性原则，根据不同主题制定不同区角活动规则。区角主题不同，其规则也有所不同，例如，开展科学区区角主要培养幼儿探索能力、求知能力，需要根据科学区特点制定规则，如制定的实验规则、安全规则。因此，教师在制定规则时要根据具体区角活动内容。

（二）幼儿园区角活动的观察

1. 宏观——全面细致观察

全面细致观察是指在幼儿园区角活动中全方位观察幼儿的各项行为，包括幼儿行为动作、语言交际、同伴互动、专注程度等各方面内容，帮助教师更进一步观察幼儿在幼儿园区角活动的成长，从而更加客观、全面地指导、分析和评价活动，提出更全面的解决和优化策略。

2. 中观——定点定位观察

幼儿在幼儿园区角活动前、中、后期行为表现都有所不同，定点定位观察主要是指教师在观察时针对某一阶段目标，定点定位地进行观察。例如，在手工区，幼儿玩得不亦乐乎、对手工活动兴趣盎然，但无作品呈现，或只呈现残缺作品，教师针对这一现象进行定点观察，找出幼儿在创作时受自身及同伴影响无法呈现作品的原因，并由此进一步指导幼儿进行活动，层层递进，不断深化。

3. 微观——个体跟踪观察

幼儿的身心发展具有差异性，导致幼儿在进行活动时也存在着个体差异。个体跟踪观察是指在幼儿园区角活动中有针对性地对幼儿进行观察，包括对幼儿某个行为的观察或某种具体活动现象的观察。例如，某幼儿在进行区角活动时每次都选择同一区域的相同材料，或幼儿在活动时总是出现相同的问题，对此教师可针对幼儿行为进行观察，从而探究其行为的深层原因。

（三）幼儿园区角活动指导的方法

1. 幼儿主体——尊重、激发幼儿

幼儿是幼儿园区角活动的主要参与者与体验者，在进行幼儿园区角活动指导时教师应当遵循幼儿的需要，尊重幼儿的意愿，在活动中激发幼儿对活动的探索欲，展现幼儿在区角活动中的主体地位。在区角活动中的主体地位主要体现在幼儿具有自主选择权，幼儿可以自主选择游戏的区域、材料、玩伴、方式。当教师给予幼儿一定的选择权时，幼儿便能在活动中真正解放自己的手脚和头脑，成为区角活动真正的主人。

2. 教师主导——“无形的手”指导活动

教师是幼儿园区角活动的主要组织者与指导者，教师为幼儿创设环境、提供材料、指导活动，具有主导作用。教师的主导作用主要体现在教师通过环境、规则等“无形”的方式，让幼儿在无形中获得指导。在观察阶段，教师观察幼儿行为，并针对出现的问题深入研究，找出解决措施，促进幼儿更好地发展；在指导阶段，通过给予幼儿权利，创设环境，语言、行为指导幼儿，在教师主导下更好发挥幼儿的主体地位。

3. 环境支持——将教师指导转化为幼儿行为

幼儿园区角活动主要由教师、幼儿、环境三大要素构成。教师主要通过改变环境，投放不同的材料间接地对幼儿进行指导，例如，要发展幼儿语言能力，教师需要在语言区投放适合幼儿语言发展的材料，促进幼儿发展。

（四）幼儿园区角活动指导的策略

1. 针对性策略——根据幼儿特征投放有针对性、层次性的材料

幼儿园区角活动的环境和投放材料作为连接教师与幼儿活动的中心媒介，一方面要反映幼儿的成长水平，另一方面要根据幼儿的身心发展特征有针对性、层次性地投放。根据以往经验，教师在投放材料时过分注重形式化，存在着极大的无意义投放和盲目投放的现象，不仅不符合幼儿的需要，而且对幼儿的发展来说毫无意义。因此，选择什么样的材料需要教师从幼儿自身发展需要出发，投放适合幼儿成长，有利于活动开展的材料，这样才能促进活动更好地开展。

2. 适度性策略——教师观察与指导活动要有的放矢

根据调查得出，目前，教师在幼儿园区角活动中存在两大错误意识，首先是定位不清晰，对幼儿过度指导，导致幼儿无法发展，活动滞缓；其次是觉悟性不强，过度放任幼儿，在幼儿进行活动时，此类教师采取放任的态度，让幼儿自由活动，这样虽然给予幼儿自主权，但往往会带来幼儿散漫、管理混乱等诸多问题。由此可见，要想发挥教师正确的主导作用，必须遵循适度性策略，在活动中对幼儿进行适度干预，在适度的时间、适度的环节、适度的活动中进行有的放矢的指导，有效推动幼儿的全方位发展。

3. 建构性策略——为幼儿的活动搭建支架

根据建构主义理论，学习不是从外界吸收知识的过程，而是学习者在学习过程中主动构建知识的过程。①在幼儿园区角活动中，教师主要的工作是为幼儿搭建支架，在适当的时候撤回支架，由幼儿自主探究。教师为幼儿搭建支架体现在幼儿园区角活动的全过程，例如，在投放材料环节，教师通过投放材料，为幼儿创设和建构学习环境，当进行观察时撤回支架，以适度指导的方式观察、指导幼儿，使幼儿获得真正的发展。

4. 情感性策略——激发幼儿情感，调动内在动力进行活动

幼儿与教师在幼儿园区角活动中互动，通过隐性情感因素与显性情感因素激发幼儿情感，以此来推动活动开展，达到促进幼儿素质养成的目的。显性情感因素主要指环境和活动材料中反映的不带明显情感色彩的因素，例如，教师投放幼儿喜欢的材料便会激发幼儿探索的欲望，这要求教师要善于投放能激发幼儿情感的材料，引发幼儿积极的情感体验。在幼儿园区角活动中，隐性情感因素主要指教师对幼儿的关爱，当教师以真诚对待幼儿，充满热情地与幼儿交往时，幼儿会将此情感内化为外在行为，在教师指导活动时幼儿会更加信任教师，遵守相关活动纪律，在活动中积极表现。

（五）幼儿园区角活动交流讲评的方式

交流讲评是幼儿园区角活动的最后一个环节，也是其中较为重要的一个环节，它是对整体活动的总结反思，对幼儿活动中产生的问题和行为进行讨论解决的关键一步。

---

① 杨晓萍.基于建构主义学习理论的幼儿园课程设计[J].山东教育科研，2002（2）：25-27.

1. 首尾呼应式交流讲评

教师在组织幼儿园区角活动前，都会预设活动目标，并引导幼儿在目标内进行活动。在交流讲评环节，教师要始终谨记预设的活动目标，做到首尾呼应，引导幼儿探究在本次活动中获得与感受，积极主动地发言。对于目标之外，在幼儿活动中生成的，教师同样不能忽视，而可以以此引发幼儿交流讨论。

2. 平等交流式交流讲评

在交流讲评环节，教师是幼儿园区角活动的组织者，而不是以高高在上的师者形象。教师要以启发者形象激发幼儿交流欲，从幼儿的言语中探究出值得讨论的点，并组织幼儿延伸话题交流讨论。教师要以欣赏者形象捕捉幼儿的闪光点，在交流中多鼓励幼儿，以平等的态度与幼儿沟通，在幼儿回答问题时教师可采用半蹲或走到幼儿身边完全蹲下的形式，让幼儿感受到教师对自己的关注。

3. 筛选归纳式交流讲评

教师要根据幼儿的身心发展特征和年龄特征筛选适合幼儿的交流讲评方式，可以采用多种方式、多种媒介进行讲评。例如，小班幼儿思维发展还停留在初级阶段，注意力容易不集中，教师便可采用图片、多媒体形式激发幼儿交流讲评；中班幼儿已经具备一定的活动知识，教师可以启发幼儿思考活动收获，进行交流；大班幼儿则已经具备独立思考、探究问题的能力，教师可以放手让幼儿自主展开讨论，并在适当时候介入讨论。

微课：走“近”美工，走进“童心”

五、任务分工

学生分组及任务分工表

<table>
<tr><td>班级</td><td></td><td>组号</td><td></td><td>指导教师</td><td></td></tr>
<tr><td>组长</td><td></td><td>学号</td><td colspan="3"></td></tr>
<tr><td rowspan="6">组员</td><td>姓名</td><td>学号</td><td>姓名</td><td colspan="2">学号</td></tr>
<tr><td></td><td></td><td></td><td colspan="2"></td></tr>
<tr><td></td><td></td><td></td><td colspan="2"></td></tr>
<tr><td></td><td></td><td></td><td colspan="2"></td></tr>
<tr><td></td><td></td><td></td><td colspan="2"></td></tr>
<tr><td></td><td></td><td></td><td colspan="2"></td></tr>
<tr><td colspan="6">任务分工</td></tr>
<tr><td colspan="6"></td></tr>
</table>

六、任务实施

任务工作单 1

组号：__________ 姓名：__________ 学号：__________ 检索号：6-3-1

引导问题：

结合大班主题活动“我要上小学”，组织实施一个幼儿园区角活动。

（1）区角类型：____。

（2）区角活动名称：______________________________________。

（3）请绘制活动区环境创设平面图。

（4）请描述区角活动目标。

（5）请具体说明区角活动内容及材料投放。

（6）请绘制区角墙面创设平面图。

（7）从区角活动规则、材料收拾与整理、进区人数等方面阐述如何进行区角管理。

（8）幼儿园区角活动观察与指导的要点有哪些？

任务工作单 2

组号：________ 姓名：________ 学号：________ 检索号：6-3-2

引导问题：

小组间讨论，教师参与并指导，调整、完善幼儿园区角活动组织与指导。

（1）区角类型：________________

（2）区角活动名称：________________

（3）请绘制完善后的活动区环境创设平面图。

（4）请描述完善后的区角活动目标。

____

____

____

（5）请具体说明完善后的区角活动内容及材料投放。

____

____

____

____

____

____

____

____

（6）请绘制完善后的区角墙面创设平面图。

（7）从区角活动规则、材料收拾与整理、进区人数等方面阐述如何进行区角管理。

（8）幼儿园区角活动观察与指导的要点有哪些？

任务工作单 3

组号：__________ 姓名：__________ 学号：__________ 检索号：6-3-3

引导问题：

（1）各小组模拟组织和实施所设计的幼儿园区角活动，借鉴经验，完善活动的组织与实施。

（2）根据实施情况自查、分析存在的不足之处及改进方法。

七、评价反馈

评价工作单 1

组号：＿＿＿＿　姓名：＿＿＿＿　学号：＿＿＿＿　检索号：6-3-4

自我评价表

<table>
<tr><td>班级</td><td></td><td>姓名</td><td></td><td>日期</td><td></td></tr>
<tr><td>评价指标</td><td colspan="3">评价内容</td><td>分数</td><td>分数评定</td></tr>
<tr><td>信息收集能力</td><td colspan="3">是否能有效利用网络、图书等资源，查找相关信息；是否能将查到的信息有效地传递到学习中</td><td>10分</td><td></td></tr>
<tr><td>感知课堂学习</td><td colspan="3">是否能在学习中获得满足感和认同感</td><td>10分</td><td></td></tr>
<tr><td rowspan="2">学习态度、沟通能力</td><td colspan="3">是否积极主动与教师、同学交流，相互尊重、理解；与教师、同学之间是否能保持多向、丰富、适宜的信息交流</td><td>5分</td><td rowspan="2"></td></tr>
<tr><td colspan="3">是否能处理好合作学习和独立思考的关系，做到有效学习；是否能提出有意义的问题或发表个人见解</td><td>5分</td></tr>
<tr><td rowspan="3">知识、能力获得情况</td><td colspan="3">是否知道区角活动交流讲评的内容和方式</td><td>5分</td><td rowspan="3"></td></tr>
<tr><td colspan="3">是否能在组织与实施幼儿园区角活动前，创设适宜的活动环境，准备好相关教具和材料，初步拟定好区角活动的基本规则，做好充足的活动准备</td><td>15分</td></tr>
<tr><td colspan="3">是否能组织和实施所设计的幼儿园区角活动，在实施过程中把握和调整观察与指导要点，并及时进行反思</td><td>25分</td></tr>
<tr><td>思维能力</td><td colspan="3">是否能发现问题、提出问题、分析问题、解决问题、创新问题</td><td>10分</td><td></td></tr>
<tr><td>自我反思</td><td colspan="3">是否能按时保质完成任务；是否较好地掌握了知识点；是否具有较为全面、严谨的思维能力，能有条理地梳理观点并形成文字</td><td>15分</td><td></td></tr>
<tr><td colspan="4">评价分数</td><td colspan="2"></td></tr>
<tr><td rowspan="2">总体提炼</td><td>优点</td><td colspan="4"></td></tr>
<tr><td>不足</td><td colspan="4"></td></tr>
</table>

评价工作单 2

组号：________ 姓名：________ 学号：________ 检索号：6-3-5

小组内互评验收表

组长		组名		日期	
验收成员姓名					
任务要求	了解幼儿园区角活动规则的内容，掌握区角活动规则拟定的方法和要点，能与幼儿一起商议、拟定区角活动规则；掌握幼儿园区角活动观察与指导的内容和方法，能科学合理地组织与实施幼儿园各类区角活动。知道幼儿园区角活动交流讲评的内容，能组织幼儿进行区角活动交流讲评，提升幼儿的学习经验				
文档验收清单	被验收者任务工作单6-3-1、6-3-2、6-3-3				
	文献检索清单				
评价指标	评价内容			分数	分数评定
信息收集能力	该同学是否能有效利用网络、图书等资源，查找相关信息；是否能将查到的信息有效地传递到学习中			10分	
感知课堂学习	该同学是否能在学习中获得满足感和认同感			10分	
学习态度、沟通能力	该同学是否能积极主动与教师、同学交流，相互尊重、理解；与教师、同学之间是否能保持多向、丰富、适宜的信息交流			5分	
	该同学是否能组织和实施所设计的幼儿园区角活动，在实施过程中把握和调整观察与指导要点，并及时进行反思			5分	
知识、能力获得情况	该同学是否了解幼儿园区角活动观察的内容，掌握区角活动观察的要点和方法			5分	
	该同学是否能在组织与实施幼儿园区角活动前，创设适宜的活动环境，准备好相关教具和材料，初步拟定好区角活动管理的基本规则，做好充足的活动准备			15分	
	该同学是否能组织和实施所设计的幼儿园区角活动，并能根据实施情况，进行及时的反思			25分	
思维能力	该同学是否能发现问题、提出问题、分析问题、解决问题、创新问题			10分	
自我反思	该同学是否能按时保质完成任务；是否较好地掌握了知识点；是否具有较为全面、严谨的思维能力，能有条理地梳理观点并形成文字			15分	
评价分数					
该同学的不足之处					
有针对性的改进建议					

评价工作单 3

组号：__________ 姓名：__________ 学号：__________ 检索号：6-3-6

小组间互评验收表

<table>
<tr><td>验收组长</td><td></td><td>验收组号</td><td></td><td>日期</td><td></td></tr>
<tr><td>验收成员姓名</td><td colspan="5"></td></tr>
<tr><td rowspan="2">验收组完成的资料清单</td><td colspan="5">被验收者任务工作单6-3-1、6-3-2、6-3-3</td></tr>
<tr><td colspan="5">文献检索清单</td></tr>
<tr><td>评价指标</td><td colspan="3">评价内容</td><td>分数</td><td>分数评定</td></tr>
<tr><td rowspan="3">模拟展示</td><td colspan="3">幼儿园区角活动组织与实施是否科学、自然、有新意；组织与实施过程是否流畅，体现幼儿的自主性、活动性、积极性，师幼互动较好</td><td>40分</td><td rowspan="3"></td></tr>
<tr><td colspan="3">活动准备是否充分，分工是否合理</td><td>20分</td></tr>
<tr><td colspan="3">核心经验是否准确，能对应活动领域内容；活动目标达成情况是否较好，能契合主题活动</td><td>20分</td></tr>
<tr><td rowspan="2">内容正确度</td><td colspan="3">展示教态是否亲切自然，动作是否熟练有序</td><td>10分</td><td rowspan="2"></td></tr>
<tr><td colspan="3">语言是否准确、生动、精练，普通话是否流畅</td><td>10分</td></tr>
<tr><td colspan="4">评价分数</td><td colspan="2"></td></tr>
<tr><td colspan="2">简要评述</td><td colspan="4"></td></tr>
</table>

评价工作单 4

组号：__________ 姓名：__________ 学号：__________ 检索号：6-3-7

任务完成情况评价表

<table>
<tr><td>任务名称</td><td colspan="2">组名</td><td>总得分</td><td></td></tr>
<tr><td>评价依据</td><td colspan="4">学生完成的任务工作单6-3-1、6-3-2、6-3-3</td></tr>
<tr><td>评价内容</td><td>评价要点</td><td>考查要点</td><td>分数</td><td>分数评定</td></tr>
<tr><td rowspan="2">模拟展示情况</td><td rowspan="2">根据设计方案组织实施活动，备教一致</td><td>活动准备是否充分，分工是否合理（酌情给分）</td><td rowspan="2">45分</td><td rowspan="2"></td></tr>
<tr><td>模拟组织与实施过程是否流畅熟练（酌情给分）</td></tr>
<tr><td rowspan="2">互动交流情况</td><td rowspan="2">小组内交流，教学互动</td><td>是否在小组内与其他成员积极交流，大胆表达自己的观点（酌情给分）</td><td rowspan="2">30分</td><td rowspan="2"></td></tr>
<tr><td>是否愿意接受教师指导，或在遇到困难时，是否能主动寻求教师的帮助（酌情给分）</td></tr>
<tr><td rowspan="2">任务完成情况</td><td>规定时间内的完成度</td><td>是否能在规定时间内完成任务（如没在规定时间内完成，则酌情扣分）</td><td>10分</td><td rowspan="2"></td></tr>
<tr><td>任务完成的正确度</td><td>任务完成的正确性（错误1个点扣2分）</td><td>15分</td></tr>
<tr><td colspan="3">评价分数</td><td colspan="2"></td></tr>
<tr><td>简要评论</td><td colspan="4"></td></tr>
</table>

模块七　家园活动、社区活动的设计与指导

随着经济社会的发展和现今家长文化素质的不断提高，越来越多的家长开始重视幼儿的学龄前教育，也深知学龄前教育不能单靠幼儿园的力量，幼儿园教育、家庭教育都有着自身的优势与劣势，只有双方优势互补，才能发挥出最大的教育功效。近年来，"家园活动""家园合作共育""社区活动"也得到学前教育教育者和家长的积极响应。2011年，国务院颁布的《关于当前发展学前教育的若干意见》也提到，"要把幼儿园教育与家庭教育紧密结合，共同为幼儿的健康成长创造良好环境。"《家长教育行为规范》《全国家庭教育指导大纲》《关于指导推进家庭教育的五年规划（2011—2015）》《上海市学前教育纲要》等也均指出，应使家长成为学前教育机构的合作伙伴。家长参与幼儿园教育的程度、频率与孩子的发展基本水平是成正比的，通过开展家园共育活动，让家长了解孩子在园表现和幼儿园的教育教学情况；教师与家长相互尊重与信任、相互支持与配合，建立和谐友好的家园关系；幼儿能够得到教师关注，引发强烈的好奇心，激发对事物的兴趣，树立起自信心。[①]

图7-1-1　幼儿园亲子义卖活动

① 李生兰.英国幼儿园与家庭、社区合作共育的特点及启示[J].学前教育研究，2016（3）：62.

任务一　家园活动、社区活动的认知

一、任务描述

要科学、有效地组织各类型家园活动和社区活动，首先就要对家园活动和社区活动有一个概括性的了解与认知。请概述家园活动的含义、价值、类型。

二、学习目标

（一）知识目标

（1）知道家园活动、社区活动的含义及类型。

（2）了解幼儿园与家庭、社区合作的相关理论，理解幼儿园与家庭、社区合作共育的价值。

（二）能力目标

能结合材料分析家园活动、社区活动的类型、价值和改进办法。

（三）素养素质目标

（1）逐步养成谦虚好学、勤于思考的品质。

（2）逐步养成严谨的学风。

三、任务分析

（1）重点：理解并认同幼儿园与家庭、社区合作共育的价值。

（2）难点：能结合案例和自身实习经历，分析幼儿园家园活动、社区活动。

四、相关知识链接

资源链接：幼儿园与家庭、社区合作的理论与启示

（一）家园活动、社区活动的含义

家园活动是指家庭教育与幼儿园教育共同协作开展的活动，家庭与幼儿园共同在活动中对幼儿进行教育和培养。在幼儿的成长过程中，幼儿的学习与发展并不能单单依靠幼儿园或家庭某一方，只有双方良好沟通、共同努力，才能发挥最大的作用。本教材在参考“幼儿园教育”“家庭教育”“家园共育”“家长参与”等概念的基础上，将“家园活动”定义为：幼儿园营造有利于家长参与的氛围，邀请家长以各种形式参加或合作组织

幼儿园的各项亲子活动，旨在增进家园共育，促进幼儿健康成长、和谐发展。

对社区活动的含义要有所了解，我们首先需要知道什么是社区。本教材将“社区”定义为：“在一定地域中，具有一定社会关系的人群和资源成为一个社区”，且3～6岁学龄前教育与社区之间为平等互惠、共同发展的关系。进一步讨论社区活动，本教材将“社区活动”定义为：“在社区范围内，利用社区资源的、具有教育意义的、可供父母或幼儿园参与的、能有利于幼儿成长、改善家园关系的活动。”

（二）幼儿园与家庭、社区合作共育的价值

首先，幼儿园与家庭、社区合作共育对我国学前教育法律、法规的贯彻执行大有裨益。自20世纪90年代以来，我国政府相继颁布了一系列学前教育法律法规，如《九十年代中国儿童发展规划纲要》《关于当前发展学前教育的若干意见》《家长教育行为规范》《全国家庭教育指导大纲》《关于指导推进家庭教育的五年规划（2011—2015）》《上海市学前教育纲要》等，强调幼儿园要与家庭、社区密切合作，充分利用幼儿园与社区的资源优势，肯定了社区及社区教育资源对于幼儿园教育的重要性。文件中提出，“发展社区教育，建立起学校（托幼园所）教育、社会教育、家庭教育相结合的育人机制，创造有利于儿童身心健康和谐发展的社会和家庭环境”“幼儿园应密切同社区的联系与合作，宣传幼儿教育的知识，支持社区开展有益的文化教育活动，争取社区支持和参与幼儿园建设”“幼儿园应与家庭、社区密切合作，综合利用各种教育资源，共同为幼儿的发展创造良好的条件”。由此可见，幼儿园加强与社区和家庭的合作共育，能有效贯彻我国学前教育法律、法规。

其次，幼儿园与家庭、社区合作共育是我国学前教育与世界学前教育接轨的重要保障之一。世界学前教育发达国家如美国、日本在文件中都提出，幼儿园要提高与家庭、社区合作育儿的意识，如美国在1997年颁布的《0～8岁儿童适宜性发展教育方案》和日本在1991—2000年实施的《第三个幼稚园振兴计划》中都强调，“幼儿园要充分利用家庭和社区资源对儿童进行教育，促进儿童在体力、认知、情感、社会性、语言、审美等方面的最佳发展”。世界学前教育组织（OMEP）在1999年通过的《全球幼儿教育大纲》中明确提出，“儿童的发展是家庭、教师、保育人员和社区的共同责任”“教师要和心理学工作者、社会工作者、健康卫生人员、工商人员、公共服务机构、学校、宗教组织、休闲娱乐机构及家庭联合会等建立合作关系”[①]。关注世界学前教育的发展趋势和发达国家学前教育的政策发挥，不难发现，幼儿园与家庭、社区合作共育既是国际幼儿园教育的大势所趋，也是我国学前教育更快更好地走向世界的必由之路。

再次，幼儿园与家庭、社区合作共育是3～6岁学龄前儿童健康、全面发展的重要保障。中国特色社会主义接班人需要培养的是德、智、体、美、劳全面发展的下一代，3～6岁学龄前儿童是国家的希望和未来，学龄前儿童有健康、语言、社会、科学、艺

---

① FORTSON L R，REIFF J C.Families and teachers as partners，early childhood curriculum:open structures for integrative learning[M].NY：Simon&Schuster Company，1995：363.

术五大学习领域及生活、学习、运动、游戏四大发展方面，单靠幼儿园、家庭、社区某一方都不能全面完成学习和发展目标，忽视其中的任何一方，都在无形中砌筑了幼儿发展的“围墙”，对幼儿发展的全面性都会产生影响，只有三方协作共育，幼儿的发展才是全面的、完整的、健康的。

最后，幼儿园与家庭、社区合作共育有助于学前教育功能具有整体性，并发挥出最大作用。3～6岁学龄前儿童的学习与发展并不是应试教育，儿童在丰富的体验中获取经验，得到发展，因此，儿童的发展不是片面的，而是全面的；不是部分的，而是整体的。以幼儿园教育活动为例，家庭教育的主动性及父母的参与，会让教育活动更加有声有色，而幼儿园周边的社区资源往往具有教育性和广泛性，将这些资源充分地运用到幼儿园教育活动中去，教学活动既富有教育意义又富有社区特色，也符合了社会的发展要求，最终为幼儿发展带来裨益。

（三）家园活动、社区活动的类型

世界各国在幼儿教育领域都十分重视家园活动和社区活动，众多学者也从不同维度对家园活动和社区活动进行了分类。斯沃普（Swap）从家园关系的角度把家园活动和社区活动分为四种模式，分别为保护模式、传递信息模式、丰富课程模式、合作关系模式。①

爱普斯坦（Epstein）从教师指导家长的角度把家园活动、社区活动分类如下：沟通（幼儿园和家庭围绕儿童成长与幼儿在园一日生活进行的信息交流活动）、家长助教活动（家长要根据幼儿的需求和自己的特长以家长助教的身份参与幼儿园或班级里各种类型的活动）、决策（家长参与幼儿园各项事务的制定并提出建设性意见）。

戴维斯把家园活动和社区活动按目的的不同分为四种类型：第一种类型，解决现阶段在家园沟通中存在的问题（如约见家长、成立班级家庭委员会和园级家庭委员会等）；第二种类型，促使家长参与子女的教育（如家庭教育指导、家长助教、家长开放日等）；第三种类型，利用社区资源来丰富幼儿园教育（如参观博物馆、图书馆、地铁站等家园活动和社区活动）；第四种类型，吸收家长参与教育决策（如家长咨询委员会、家长教师协会等）。②

杰斯特威克（Gestwicki）将家园活动和社区活动按家长参与程度的不同分为三个层次：①低层次的家长参与和社区参与，即允许家长和社区参与一些对教师的教育教学不构成挑战的幼儿园活动中来，例如，家长会，家长联系手册、家长培训、个别交谈等，倾向于使家庭、社区与学校保持一定的距离；②中等层次的家长参与和社区参与，即家长和社区走进幼儿园环境中，或者幼儿走出幼儿园进入社区，幼儿园提供给家长和社区自己做判断、选择的机会，以参观访问者或志愿者的身份帮助幼儿园；③高层次的家长参与，即幼儿园将教师和父母皆视为教育孩子的专家，共同为儿童的发展制定学校的决策。③

---

① SWAP S M.Developing home-school partnerships[M]. New York:Teacher College Press，1993：27-59.

② 马忠虎.家校合作[M].北京：教育科学出版社，1999：60.

③ GESTWICKI C.Home,school and community relations: a guide to working with parents[M].Albany，New York:Delmar Publishers Inc, 1992：78.

五、任务分工

学生分组及任务分工表

<table>
<tr><td>班级</td><td></td><td>组号</td><td></td><td>指导教师</td><td></td></tr>
<tr><td>组长</td><td></td><td>学号</td><td colspan="3"></td></tr>
<tr><td rowspan="6">组员</td><td>姓名</td><td>学号</td><td>姓名</td><td colspan="2">学号</td></tr>
<tr><td></td><td></td><td></td><td colspan="2"></td></tr>
<tr><td></td><td></td><td></td><td colspan="2"></td></tr>
<tr><td></td><td></td><td></td><td colspan="2"></td></tr>
<tr><td></td><td></td><td></td><td colspan="2"></td></tr>
<tr><td></td><td></td><td></td><td colspan="2"></td></tr>
<tr><td colspan="6">任务分工</td></tr>
<tr><td colspan="6"></td></tr>
</table>

六、任务实施

任务工作单 1

组号：__________ 姓名：__________ 学号：__________ 检索号：7-1-1

引导问题：

（1）家园活动、社区活动的含义是什么？

（2）家园活动和社区活动有哪些类型？

（3）查阅资料，请谈谈生物生态学理论、符号互动理论、活动理论带给你的启示。

任务工作单 2

组号：________　姓名：________　学号：________　检索号：7-1-2

引导问题：

扫描右侧二维码，阅读并分析材料，回答下列问题。

活动案例：亲子美厨——珍珠丸子

（1）材料中的活动，属于什么类型的家园活动？

（2）你认为材料中的活动对象是哪个年龄班的幼儿？为什么？

（3）材料中，教师做了什么？幼儿做了什么？家长做了什么？

（4）你认为此家园活动还可以如何改进？

任务工作单 3

组号：__________ 姓名：__________ 学号：__________ 检索号：7-1-3

引导问题：

查阅文献，并结合实习经历，想一想幼儿园利用家庭和社区资源，“走出去”“请进来”的内容有哪些，并写在下面横线上。

（1）“走出去”的内容。

（2）“请进来”的内容。

任务工作单 4

组号：__________　姓名：__________　学号：__________　检索号：7-1-4

引导问题：

（1）小组间讨论，教师参与并指导，确定任务工作单7-1-1、7-1-2、7-1-3的最优答案，并检讨自己存在的不足之处。

（2）每个小组推选出一位小组长，进行汇报。根据汇报情况，再次检讨自己存在的不足之处。

七、评价反馈

评价工作单 1

组号：__________ 姓名：__________ 学号：__________ 检索号：7-1-5

自我评价表

<table>
<tr><td>班级</td><td></td><td>姓名</td><td></td><td>日期</td><td></td></tr>
<tr><td>评价指标</td><td colspan="3">评价内容</td><td>分数</td><td>分数评定</td></tr>
<tr><td>信息收集能力</td><td colspan="3">是否能有效利用网络、图书等资源，查找相关信息；是否能将查到的信息有效地传递到学习中</td><td>10分</td><td></td></tr>
<tr><td>感知课堂学习</td><td colspan="3">是否能在学习中获得满足感和认同感</td><td>10分</td><td></td></tr>
<tr><td rowspan="2">学习态度、沟通能力</td><td colspan="3">是否积极主动与教师、同学交流，相互尊重、理解；与教师、同学之间是否能保持多向、丰富、适宜的信息交流</td><td>5分</td><td rowspan="2"></td></tr>
<tr><td colspan="3">是否能处理好合作学习和独立思考的关系，做到有效学习；是否能提出有意义的问题或发表个人见解</td><td>5分</td></tr>
<tr><td rowspan="3">知识、能力获得情况</td><td colspan="3">是否知道家园活动、社区活动的含义和类型；是否了解生物生态学理论、符号互动理论、活动理论，并能思考理解家园活动、社区活动的价值</td><td>15分</td><td rowspan="3"></td></tr>
<tr><td colspan="3">是否能结合材料分析并理解家园活动、社区活动的类型及性质，思考改进办法</td><td>15分</td></tr>
<tr><td colspan="3">是否理解家庭教育、社区教育和幼儿园教育之间的关系，结合实习经验，理解家庭、社区资源的利用</td><td>15分</td></tr>
<tr><td>思维能力</td><td colspan="3">是否能发现问题、提出问题、分析问题、解决问题、创新问题</td><td>10分</td><td></td></tr>
<tr><td>自我反思</td><td colspan="3">是否能按时保质完成任务；是否较好地掌握了知识点；是否具有较为全面、严谨的思维能力，能有条理地梳理观点并形成文字</td><td>15分</td><td></td></tr>
<tr><td colspan="4">评价分数</td><td colspan="2"></td></tr>
<tr><td rowspan="2">总体提炼</td><td>优点</td><td colspan="4"></td></tr>
<tr><td>不足</td><td colspan="4"></td></tr>
</table>

评价工作单 2

组号：＿＿＿＿＿　姓名：＿＿＿＿＿　学号：＿＿＿＿＿　检索号：7-1-6

小组内互评验收表

<table>
<tr><td>组长</td><td></td><td>组名</td><td></td><td>日期</td><td></td></tr>
<tr><td>验收成员姓名</td><td colspan="5"></td></tr>
<tr><td>任务要求</td><td colspan="5">家园活动、社区活动的含义、特点及类型的认知；了解生物生态学理论、符号互动理论、活动理论，理解幼儿园与家庭、社区合作共育的价值。任务完成过程中，至少包含5份文献检索清单</td></tr>
<tr><td rowspan="2">文档验收清单</td><td colspan="5">被验收者任务工作单7-1-1、7-1-2、7-1-3、7-1-4</td></tr>
<tr><td colspan="5">文献检索清单</td></tr>
<tr><td>评价指标</td><td colspan="3">评价内容</td><td>分数</td><td>分数评定</td></tr>
<tr><td>信息收集能力</td><td colspan="3">该同学是否能有效利用网络、图书等资源，查找相关信息；是否能将查到的信息有效地传递到学习中</td><td>10分</td><td></td></tr>
<tr><td>感知课堂学习</td><td colspan="3">该同学是否能在学习中获得满足感和认同感</td><td>10分</td><td></td></tr>
<tr><td rowspan="2">学习态度、沟通能力</td><td colspan="3">该同学是否能积极主动与教师、同学交流，相互尊重、理解；与教师、同学之间是否能保持多向、丰富、适宜的信息交流</td><td>5分</td><td></td></tr>
<tr><td colspan="3">该同学是否能处理好合作学习和独立思考的关系，做到有效学习；是否能提出有意义的问题或发表个人见解</td><td>5分</td><td></td></tr>
<tr><td rowspan="3">知识、能力获得情况</td><td colspan="3">该同学是否知道家园活动、社区活动的含义和类型；了解生物生态学理论、符号互动理论、活动理论，并能思考理解家园活动、社区活动的价值</td><td>15分</td><td></td></tr>
<tr><td colspan="3">该同学是否能结合材料分析并理解家园活动、社区活动的类型及性质，思考改进办法</td><td>15分</td><td></td></tr>
<tr><td colspan="3">结合实习经验，理解家庭教育、社区教育和幼儿园教育之间的关系，并提供文献检索清单（若少于5项，缺1项扣1分）</td><td>15分</td><td></td></tr>
<tr><td>思维能力</td><td colspan="3">该同学是否能发现问题、提出问题、分析问题、解决问题、创新问题</td><td>10分</td><td></td></tr>
<tr><td>自我反思</td><td colspan="3">该同学是否能按时保质完成任务；是否较好地掌握了知识点；是否具有较为全面、严谨的思维能力，能有条理地梳理观点并形成文字</td><td>15分</td><td></td></tr>
<tr><td colspan="4">评价分数</td><td colspan="2"></td></tr>
<tr><td colspan="2">该同学的不足之处</td><td colspan="4"></td></tr>
<tr><td colspan="2">有针对性的改进建议</td><td colspan="4"></td></tr>
</table>

评价工作单 3

组号：__________ 姓名：__________ 学号：__________ 检索号：7-1-7

小组间互评验收表

<table>
<tr><td>验收组长</td><td></td><td>验收组号</td><td></td><td>日期</td><td></td></tr>
<tr><td>验收成员姓名</td><td colspan="5"></td></tr>
<tr><td rowspan="2">验收组完成的资料清单</td><td colspan="5">被验收者任务工作单7-1-1、7-1-2、7-1-3、7-1-4</td></tr>
<tr><td colspan="5">文献检索清单</td></tr>
<tr><td>评价指标</td><td colspan="3">评价内容</td><td>分数</td><td>分数评定</td></tr>
<tr><td rowspan="3">汇报表述</td><td colspan="3">表述是否清晰准确</td><td>15分</td><td rowspan="3"></td></tr>
<tr><td colspan="3">语言是否流畅，普通话是否标准</td><td>10分</td></tr>
<tr><td colspan="3">是否能准确汇报该小组完成情况</td><td>15分</td></tr>
<tr><td rowspan="2">内容正确度</td><td colspan="3">内容是否正确</td><td>30分</td><td rowspan="2"></td></tr>
<tr><td colspan="3">句型表达是否到位</td><td>30分</td></tr>
<tr><td colspan="4">评价分数</td><td colspan="2"></td></tr>
<tr><td>简要评述</td><td colspan="5"></td></tr>
</table>

评价工作单 4

组号：________ 姓名：________ 学号：________ 检索号：7-1-8

任务完成情况评价表

任务名称	组名		总得分	
评价依据	学生完成的任务工作单7-1-1、7-1-2、7-1-3、7-1-4			
评价内容	评价要点	考查要点	分数	分数评定
查阅文献情况	任务实施过程中文献查阅	是否查阅文献资料不少于5份（缺1份扣1分）	20分	
		是否正确运用信息资料（描述错误扣2分）		
互动交流情况	小组内交流，教学互动	是否在小组内与其他成员积极交流，大胆表达自己的观点（酌情给分）	30分	
		是否愿意接受教师指导，或在遇到困难时，是否能主动寻求教师的帮助（酌情给分）		
任务完成情况	规定时间内的完成度	是否能在规定时间内完成任务（如没在规定时间内完成，则酌情扣分）	20分	
	任务完成的正确度	任务完成的正确性（错误1个点扣2分）	30分	
评价分数				
简要评论				

任务二　幼儿园节庆活动的设计与指导

一、任务描述

要完成幼儿园节庆活动设计，首先需要认识幼儿园节庆活动。请说明幼儿园节庆活动的内容、特点与价值，并设计一份幼儿园节庆活动方案。

二、学习目标

（一）知识目标

（1）了解幼儿园节庆活动的含义、内容和特点。

（2）知道幼儿园节庆活动的组织形式。

（3）理解幼儿园节庆活动的价值。

（二）能力目标

掌握幼儿园节庆活动设计和组织的策略，能设计一份幼儿园节庆活动方案。

（三）素养目标

（1）认同幼儿园节庆活动的价值，重视中华优秀传统文化育人的价值。

（2）培养乐于思考、分析问题的意识。

三、任务分析

（1）重点：掌握幼儿园节庆活动设计和组织的策略，能设计一份幼儿园节庆活动方案。

（2）难点：能科学、合理地确定观察和指导的要点。

四、相关知识链接

（一）幼儿园节庆活动的含义

幼儿园节庆活动是指幼儿、教师、家长、社区人员等围绕着某一固定节日的传统习俗、文化，根据幼儿年龄特点、兴趣爱好、认知规律和审美素养等要素，创新出形式多样、内容丰富的节日庆典活动。幼儿园节庆活动通过亲身体验、陶冶心智、潜移默化等手段满足幼儿身心发展的需求，是幼儿园教育活动的常见形式之一。

幼儿园节庆活动形式多样、内容丰富，注重体验、感受和操作，是幼儿非常喜欢的一种活动题材，同时，节庆活动还与社会、历史、人文进行了有效衔接，汇聚了人类千百年来积淀形成的精神和物质文明，是教师开展民族精神、优秀传统文化和社会主义核心价值观教育的良好契机。

（二）幼儿园节庆活动常见的内容

根据节日产生的时间，以18世纪工业革命为界限，节庆活动可分为传统节庆和现代节庆，传统节庆有清明节、重阳节、端午节、圣诞节、复活节等，而出现在工业革命之后的现代节庆有六一儿童节、五一劳动节、国庆节、母亲节等。

根据区域来区分，不同的国家和民族有着不同的节庆活动，比如，英国的“约克维京节”、加拿大的“感恩节”；中国的少数民族也有各类不同的节日，比如，傣族的“泼水节”，彝族的“火把节”，还有中国传统的二十四节气。

根据经典与原创来区分，幼儿园的节庆活动除了传统中西方节日之外，还有根据幼儿的现实需要、自身特点和社区资源等内容，创建出的园本特色节庆活动，比如，美食节、科技节、体育节、动画节等。[①]

在全球化背景下，为了环保、和平等各方面的需要，联合国组织也确立了很多新的纪念日，如国际妇女节、国际和平日、世界粮食日、世界水日等。

为了推动幼儿对中华优秀传统文化的了解和体验，继承和发扬我国的文化精髓，更好地萌发爱国情感，近几年，幼儿园开展传统节庆活动的比例明显增多，如春节、元宵节、清明节、端午节、重阳节等。无论如何，以节日为契机，抓住其中富含的教育价值，同时满足幼儿的兴趣和发展需求，各类不同的节日都能成为我们幼儿园节庆活动的主题，通过节庆活动这个特殊的载体，从中发展幼儿的认知、情感和社会性等各方面。

（三）幼儿园节庆活动的组织形式

幼儿园节庆活动的组织形式通常以不同单位展开，包括以全园为单位、以年级为单位和以班级为单位设计和组织幼儿园节庆活动。

以全园为单位开展的幼儿园节庆活动，可以发挥不同年龄幼儿的特点，安排各类丰富、热闹、多元的庆祝活动，如六一儿童节、国庆节、春节等大型节日，需要全体教师共同参与课程的设计。一般由保教主任和年级组长带领教师一起商议幼儿园节庆活动目标、探讨庆祝活动具体的形式和内容，初步形成活动方案的初稿。同时，各年级组、各班级教师也需及时将幼儿的实际需求和发展情况反馈给活动的设计者，以更好地根据各年级、班级情况及时调整方案形成终稿。通过全体教师共同参与、“自下而上”的制定机制，使方案更贴近幼儿实际，最大限度地满足不同幼儿的需要，尊重幼儿的个体差异和多样化需求。

以年级为单位开展的节庆活动，可以把握这一年龄段的幼儿特点，同时，考虑各班

① 凤炜．过节啦：幼儿园节庆微课程［M］．北京：中国中福会出版社，2019.

级的个性化需求，从中观层面来开展节庆课程，发挥年级组师生的共同力量。一般由年级组长带领班级教师共同商议活动方案，比如，以小班“动物花花衣”为主题展开的动物节，组织一次前往动物园的亲子秋游活动。每个班级的幼儿和其家长根据兴趣亲自制作喜爱的动物模型，在最后的“动物狂欢节”中陈列展示他们的作品，幼儿和家长也穿着动物服饰扮演不同的小动物角色进行走秀，让幼儿既发展了动手能力，又能欣赏、认识各类不同的动物，最后大胆表现自己，增进亲子感情。

以班级为单位的节庆活动，便于教师组织和开展，特别适用于母亲节、重阳节等主题鲜明、寓意浓厚，私密性较强的节日，教师可以根据班级幼儿的情况和家长的教育意愿个性化制订活动方案，比如，收集、调查班级幼儿想要如何给妈妈过节、送给妈妈怎样的惊喜，在了解幼儿意愿的基础上设计班级节庆活动，更好地满足班级幼儿的需求。

（四）幼儿园节庆活动设计和组织的策略

首先，基于幼儿发展需要，尊重文化，选择内容健康积极、可行性强、符合实际的主题。每个幼儿都是独立的个体，在活动中我们要尽力满足每个幼儿的兴趣和发展需要，使每个孩子都能高质量地发展。因此，教师不能将成人世界的节庆活动照本宣科地搬到幼儿园活动中，要保留节目本身要倡导的文化价值，同时，也要着眼于幼儿的身心发展水平，摒弃脱离幼儿实际生活和违背现代理念的内容。比如，中国的传统节庆活动，多与祭祀、祈祷有关，这些活动离幼儿的生活经验较远，教师可以选择性地剔除。同时，教师还可以征询幼儿的意见开展幼儿感兴趣、更好奇的活动内容。比如，在春节活动中，通过调查和采访，了解到幼儿对拜年、拿红包这些祝福方式都已十分了解，但是对于“怎样说吉祥话？”“怎样给不同的人说适宜的吉祥话？”幼儿则比较模糊，因此在制订活动方案时，教师增添了模拟情境，通过登门拜年的角色扮演活动，让幼儿能听一听、演一演、练一练中国拜年时的祝福语和简单礼仪。

其次，家长是幼儿园活动实施的同盟军，可以充分挖掘家长资源，搭建家园合作的平台。在幼儿园的各类节庆活动中，幼儿园可以依托家长资源，发挥家长的特长和优势，将活动策划得更丰富多彩，搭建家园合作的平台；家长也可以借此平台感受和体验幼儿园的教育理念，共同参与幼儿园的课程建设和实施，从而更好地开展家庭教育。在幼儿园六一儿童节的游园活动中，幼儿园召集了组织能力强、有想法的家长共同讨论游园的内容，家长发挥自身优势，整合资源，在六一儿童节当天开设了乐高体验区、卡丁车体验区、小小运动馆、棉花糖品尝区等游园活动，家长也作为活动志愿者，亲自参与组织协调、维持现场秩序、拍摄现场活动照片等内容。由此可见，家长既是活动设计的策划者，也是活动资源的提供者，同时，还是现场的支持者、观察者。在家长的支持下，幼儿度过了一次丰富精彩、独一无二的六一儿童节。

最后，自然环境、社区资源是节庆活动丰富的教育资源。《幼儿园教育指导纲要（试行）》指出：“环境是重要的资源，应通过环境的创设和利用，有效地促进幼儿的发展”“充分利用自然环境和社区的教育资源，扩展幼儿生活和学习的空间”。走出教室，走进自然和社区，充分挖掘社区资源，拓展丰富的教育资源，扩展幼儿生活和学习的空间。

教师、幼儿、家长、社区应成为课程建设的共同体，社区也是幼儿园节庆活动的重要一环，节庆活动的一大特点是实践性，幼儿园可以带领幼儿在真实的情境中开展丰富有趣的节庆活动。比如，消防日带幼儿参观消防局，观察消防员叔叔灭火、爬云梯，了解火灾逃生的安全知识；重阳节幼儿可以带着自己亲手制作的手工小礼物，准备一些拿手的节目去敬老院慰问爷爷奶奶，表达对老人的关心和尊重；在民俗节活动中，挖掘社区当中有传统艺术才能的艺人给幼儿演出，或是到周边的民俗博物馆，实地参观、了解民俗文化。

（五）幼儿园节庆活动观察与指导要点

1. 巧用幼儿调查表

教师可以设计简单的调查表，供幼儿随时记录和更深入地探索。在幼儿园节庆活动过程中，鼓励幼儿用自己的方式去记录自己的节庆感悟、收获和疑问，进行个性化的体验和学习。通过幼儿的记录，教师也能随时跟踪幼儿的了解情况和兴趣点，更深入地了解幼儿的想法，为及时调整活动内容提供依据。

2. 善于观察

幼儿园节庆活动中的教师观察应该聚焦在节庆活动的核心价值和目标上，因为不带目的的泛泛观察，无法体现幼儿园节庆活动给幼儿带来的独特价值。比如，体育节的活动中，教师可以将观察目标放在幼儿的“坚持性”“合作性”“规则意识”等方面，三八妇女节的活动中，可以重点观察幼儿“关心、尊重、体贴他人”的表现。

3. 科学解读观察

教师通过在幼儿园节庆活动中的观察，对幼儿的年龄特点、行为表现、情绪状态等都有了更深入的了解，能较客观、全面地评价幼儿的活动过程，使教师更加尊重和理解幼儿，从而在今后做出更合适的课程决定，使活动更激发幼儿的兴趣，在满足幼儿需求的基础上更好地达成活动目标，以促进幼儿的全面发展。教师也只有在实践反思中才能积累有价值的经验，不断更新自己的教育理念，促进自己的专业成长，提升课程领导力。

资源链接：幼儿园节庆活动的特点

资源链接：幼儿园节庆活动的价值

五、任务分工

学生分组及任务分工表

<table>
<tr><td>班级</td><td></td><td>组号</td><td></td><td>指导教师</td><td></td></tr>
<tr><td>组长</td><td></td><td>学号</td><td colspan="3"></td></tr>
<tr><td rowspan="6">组员</td><td>姓名</td><td>学号</td><td>姓名</td><td colspan="2">学号</td></tr>
<tr><td></td><td></td><td></td><td colspan="2"></td></tr>
<tr><td></td><td></td><td></td><td colspan="2"></td></tr>
<tr><td></td><td></td><td></td><td colspan="2"></td></tr>
<tr><td></td><td></td><td></td><td colspan="2"></td></tr>
<tr><td></td><td></td><td></td><td colspan="2"></td></tr>
<tr><td colspan="6">任务分工</td></tr>
<tr><td colspan="6"></td></tr>
</table>

六、任务实施

任务工作单 1

组号：__________　姓名：__________　学号：__________　检索号：7-2-1

引导问题：

（1）幼儿园节庆活动有什么特点？你如何理解这些特点？

（2）结合实习经验，请写出常见幼儿园节庆活动的内容。

（3）查阅资料，思考并回答幼儿园节庆活动的价值。

任务工作单 2

组号：__________ 姓名：__________ 学号：__________ 检索号：7-2-2

引导问题：

请设计一份幼儿园节庆活动方案。

活动名称	
活动形式	
活动对象	
活动时间	
活动地点	
活动目标	
人员分工	
活动准备	
活动流程	

活动流程	
温馨提示	

任务工作单 3

组号：__________ 姓名：__________ 学号：__________ 检索号：7-2-3

引导问题：

各小组间交流讨论，教师参与并指导，完善所设计的幼儿园节庆活动方案。

活动名称	
活动形式	
活动对象	
活动时间	
活动地点	
活动目标	
人员分工	
活动准备	
活动流程	

活动流程	
温馨提示	

任务工作单 4

组号：________ 姓名：________ 学号：________ 检索号：7-2-4

引导问题：

（1）每个小组推荐一位小组长，进行汇报，借鉴经验，进一步完善所设计的幼儿园节庆活动方案。

（2）自查、分析存在的不足之处和改进方法。

七、评价反馈

评价工作单 1

组号：________　姓名：________　学号：________　检索号：7-2-5

自我评价表

班级		姓名		日期	
评价指标	评价内容			分数	分数评定
信息收集能力	是否能有效利用网络、图书等资源，查找相关信息；是否能将查到的信息有效地传递到学习中			10分	
感知课堂学习	是否能在学习中获得满足感和认同感			10分	
学习态度、沟通能力	是否积极主动与教师、同学交流，相互尊重、理解；与教师、同学之间是否能保持多向、丰富、适宜的信息交流			5分	
	是否能处理好合作学习和独立思考的关系，做到有效学习；是否能提出有意义的问题或发表个人见解			5分	
知识、能力获得情况	是否了解幼儿园节庆活动的特点和内容，理解幼儿园节庆活动的价值			15分	
	是否掌握幼儿园节庆活动设计和组织的策略，能设计一份幼儿园节庆活动方案			30分	
思维能力	是否能发现问题、提出问题、分析问题、解决问题、创新问题			10分	
自我反思	是否能按时保质完成任务；是否较好地掌握了知识点；是否具有较为全面、严谨的思维能力，能有条理地梳理观点并形成文字			15分	
评价分数					
总体提炼	优点				
	不足				

评价工作单2

组号：________ 姓名：________ 学号：________ 检索号：7-2-6

小组内互评验收表

组长		组名		日期	
验收成员姓名					
任务要求	幼儿园节庆活动的内容、特点与价值的认知；掌握幼儿园节庆活动的组织形式、设计和组织策略，以及观察和指导的要点，能设计幼儿园节庆活动方案。任务完成过程中，至少包含5份文献检索清单				
文档验收清单	被验收者任务工作单7-2-1、7-2-2、7-2-3、7-2-4				
	文献检索清单				
评价指标	评价内容			分数	分数评定
信息收集能力	该同学是否能有效利用网络、图书等资源，查找相关信息；是否能将查到的信息有效地传递到学习中			10分	
感知课堂学习	该同学是否能在学习中获得满足感和认同感			10分	
学习态度、沟通能力	该同学是否能积极主动与教师、同学交流，相互尊重、理解；与教师、同学之间是否能保持多向、丰富、适宜的信息交流			5分	
	该同学是否能处理好合作学习和独立思考的关系，做到有效学习；是否能提出有意义的问题或发表个人见解			5分	
知识、能力获得情况	该同学是否了解幼儿园节庆活动的特点和内容；是否理解幼儿园节庆活动的价值，并提供文献检索清单（若少于5项，缺1项扣1分）			15分	
	该同学是否掌握幼儿园节庆活动设计和组织的策略，能设计一份幼儿园节庆活动方案			30分	
思维能力	该同学是否能发现问题、提出问题、分析问题、解决问题、创新问题			10分	
自我反思	该同学是否能按时保质完成任务；是否较好地掌握了知识点；是否具有较为全面、严谨的思维能力，能有条理地梳理观点并形成文字			15分	
评价分数					
该同学的不足之处					
有针对性的改进建议					

评价工作单 3

组号：________　姓名：________　学号：________　检索号：7-2-7

小组间互评验收表

<table>
<tr><td>验收组长</td><td></td><td>验收组号</td><td></td><td>日期</td><td colspan="2"></td></tr>
<tr><td>验收成员姓名</td><td colspan="6"></td></tr>
<tr><td rowspan="2">验收组完成的资料清单</td><td colspan="6">被验收者任务工作单 7-2-1、7-2-2、7-2-3、7-2-4</td></tr>
<tr><td colspan="6">文献检索清单</td></tr>
<tr><td>评价指标</td><td colspan="4">评价内容</td><td>分数</td><td>分数评定</td></tr>
<tr><td rowspan="3">汇报表述</td><td colspan="4">表述是否清晰准确</td><td>15 分</td><td rowspan="3"></td></tr>
<tr><td colspan="4">语言是否流畅，普通话是否标准</td><td>10 分</td></tr>
<tr><td colspan="4">是否能准确汇报该小组完成情况</td><td>15 分</td></tr>
<tr><td rowspan="2">内容正确度</td><td colspan="4">内容是否正确</td><td>30 分</td><td rowspan="2"></td></tr>
<tr><td colspan="4">句型表达是否到位</td><td>30 分</td></tr>
<tr><td colspan="5">评价分数</td><td colspan="2"></td></tr>
<tr><td colspan="2">简要评述</td><td colspan="5"></td></tr>
</table>

评价工作单 4

组号：________ 姓名：________ 学号：________ 检索号：7-2-8

任务完成情况评价表

<table>
<tr><td>任务名称</td><td colspan="2"></td><td>组名</td><td></td><td>总得分</td><td></td></tr>
<tr><td>评价依据</td><td colspan="6">学生完成的任务工作单7-2-1、7-2-2、7-2-3、7-2-4</td></tr>
<tr><td>评价内容</td><td>评价要点</td><td colspan="3">考查要点</td><td>分数</td><td>分数评定</td></tr>
<tr><td rowspan="2">查阅文献情况</td><td rowspan="2">任务实施过程中文献查阅</td><td colspan="3">是否查阅文献资料不少于5份（缺1份扣1分）</td><td rowspan="2">20分</td><td rowspan="2"></td></tr>
<tr><td colspan="3">是否正确运用信息资料（描述错误扣2分）</td></tr>
<tr><td rowspan="2">互动交流情况</td><td rowspan="2">小组内交流，教学互动</td><td colspan="3">是否在小组内与其他成员积极交流，大胆表达自己的观点（酌情给分）</td><td rowspan="2">30分</td><td rowspan="2"></td></tr>
<tr><td colspan="3">是否愿意接受教师指导，或在遇到困难时，是否能主动寻求教师的帮助（酌情给分）</td></tr>
<tr><td rowspan="2">任务完成情况</td><td>规定时间内的完成度</td><td colspan="3">是否能在规定时间内完成任务（如没在规定时间内完成，则酌情扣分）</td><td>20分</td><td rowspan="2"></td></tr>
<tr><td>任务完成的正确度</td><td colspan="3">任务完成的正确性（错误1个点扣2分）</td><td>30分</td></tr>
<tr><td colspan="5">评价分数</td><td colspan="2"></td></tr>
<tr><td>简要评论</td><td colspan="6"></td></tr>
</table>

任务三　幼儿园参观活动的设计与指导

一、任务描述

请设计一份大班“幼小衔接”参观小学的活动方案。

二、学习目标

（一）知识目标

（1）了解幼儿园参观活动的价值与目的。
（2）知道幼儿园参观活动的影响因素。
（3）理解幼儿园参观活动资源选择的方法。

（二）能力目标

（1）掌握幼儿园参观活动的组织流程，设计一份安全、可实施的幼儿园参观活动方案。
（2）能结合材料分析幼儿园参观活动的组织效果，以及人员分工。

（三）素养目标

（1）正确把握幼儿园参观活动的特点，合理设计方案，礼貌与各部门人员接洽沟通。
（2）培养乐于思考、善于分析问题的意识。

三、任务分析

（1）重点：掌握幼儿园参观活动设计的基本思路，能设计一份“幼小衔接”参观小学的活动方案。
（2）难点：能挖掘幼儿园或社区周边相关资源，方案设计具有安全性、可实施性。

四、相关知识链接

（一）幼儿园参观活动资源选择的方法

教师和家长在考虑利用社区资源组织幼儿开展外出参观活动之前，应首先考虑资源的适宜性，即该场所是什么性质，是否安全，有什么特点，其蕴含的资源和价值是否适合幼儿的学习与发展特点，是否符合幼儿的生活经验，是否与幼儿已有经验、认知能力水平相匹配等，其次进行地点的筛选。

根据幼儿园参观活动资源性质进行划分，可将参观资源分为两类：自然资源和社区资源。自然资源，如游览山丘、河流、山脉、当地周围地区的自然风光（公园）等，可以让幼儿通过徒步旅行、爬山，甚至追赶蝴蝶等活动达到锻炼身体的目的，有助于锻炼幼儿的体魄、增长幼儿的地理知识。社会资源，例如，幼儿园所在社区的周边资源，包括小学、敬老院、图书馆、博物馆、美术馆、展览馆、科技馆、体育馆、地铁站、养老院、超市等，在参观的同时结合幼儿园所属社区的文化特点，幼儿和家长共同充分领略与感受社会生活、社会现象、文化氛围、历史沉淀，获得自己身处该社区的归属感和自豪感。

（二）幼儿园参观活动的组织流程

1. 参观前的准备活动

在筹划和组织一次幼儿园参观活动之前，教师应对参观地点有深入的了解，并在此基础上，制订一个详细的方案，方案内容应包括活动意图、活动目标、活动准备、活动过程（包括参观前、参观中和参观后）与活动延伸。同时，针对此次即将到来的参观活动，提前与幼儿开展有预设性的谈话，激发幼儿对参观地点的好奇心和对参观地点的基本了解，并根据与幼儿的谈话内容安排本次参观活动的基本环节和重心。

此外，在活动开始前，以下几个问题也是必须做到心中有数的：一是参观地点和沿路是否安全，场地是否便于幼儿和家长活动；二是幼儿的着装是否需要特别准备，幼儿的身心状况是否适合参加本次参观活动（更多指参观自然资源的活动），是否需要幼儿园卫生保健部门的人员随行；三是教师应对参观地点和内容有着比较熟悉与透彻的了解，有助于参观前讨论活动的开展、参观中的组织与启迪、参观后的分享活动和活动后的延伸活动的开展，避免幼儿和家长的盲目、随意观察；四是与家长、社区、参观地点提前做好详尽的沟通、联系、通知工作。

2. 参观过程中的指导

在幼儿和家长进行幼儿园参观活动时，教师应因势利导，观察并引导幼儿和家长的参与与体验，鼓励幼儿用多种方式进行猜想、表达和记录，重视幼儿操作的过程，并鼓励幼儿在情境中验证自己的猜想。

3. 参观后的总结活动

在幼儿园参观活动结束后，教师应组织幼儿围绕参观的内容和主题展开分享交流，聆听幼儿的发言，重视幼儿的记录（如幼儿画的游戏故事、观察记录、手工作品等），讨论幼儿的疑问，记录幼儿的期待，将幼儿在参观活动过程中的零散经验进行归纳、整理、总结，提升幼儿的认知及经验水平。活动后的总结可采用分享讨论、主题绘画、亲子沙龙等方式。

资源链接：幼儿园参观活动的价值和目的

资源链接：幼儿园参观活动的影响因素

五、任务分工

学生分组及任务分工表

<table>
<tr><td>班级</td><td></td><td>组号</td><td></td><td>指导教师</td><td></td></tr>
<tr><td>组长</td><td></td><td>学号</td><td colspan="3"></td></tr>
<tr><td rowspan="6">组员</td><td>姓名</td><td>学号</td><td>姓名</td><td colspan="2">学号</td></tr>
<tr><td></td><td></td><td></td><td colspan="2"></td></tr>
<tr><td></td><td></td><td></td><td colspan="2"></td></tr>
<tr><td></td><td></td><td></td><td colspan="2"></td></tr>
<tr><td></td><td></td><td></td><td colspan="2"></td></tr>
<tr><td></td><td></td><td></td><td colspan="2"></td></tr>
<tr><td colspan="6">任务分工</td></tr>
<tr><td colspan="6"></td></tr>
</table>

六、任务实施

任务工作单 1

组号：__________ 姓名：__________ 学号：__________ 检索号：7-3-1

幼儿园参观活动：地铁与我共成长

引导问题：

扫描右侧二维码，阅读并分析材料，回答下列问题。

（1）材料中的幼儿园参观活动，需要哪些部门的哪些资源？

（2）在本次幼儿园参观活动，教师需要做什么？家长需要做什么？地铁站的工作人员需要做什么？

（3）你认为本次幼儿园参观活动的亮点是什么？

（4）你认为本次幼儿园参观活动还可以如何改进？

任务工作单 2

组号：__________ 姓名：__________ 学号：__________ 检索号：7-3-2

引导问题：

请设计一份“幼小衔接”参观小学的活动方案。

活动名称	
设计意图	
活动目标	
人员分工	
活动准备	
活动时间	
活动地点	
活动参与人	

活动过程	
延伸活动	

任务工作单 3

组号：__________ 姓名：__________ 学号：__________ 检索号：7-3-3

引导问题：

小组间交流讨论，教师参与并指导，完善所设计的活动方案。

活动名称	
设计意图	
活动目标	
人员分工	
活动准备	
活动时间	
活动地点	
活动参与人	

活动过程	
延伸活动	

任务工作单 4

组号：__________　姓名：__________　学号：__________　检索号：7-3-4

引导问题：

（1）每个小组推荐一位小组长，进行汇报，借鉴经验，进一步完善所设计的幼儿园参观活动方案。

（2）自查、分析存在的不足之处及改进方法。

七、评价反馈

评价工作单1

组号：________ 姓名：________ 学号：________ 检索号：7-3-5

自我评价表

班级		姓名		日期	
评价指标	评价内容			分数	分数评定
信息收集能力	是否能有效利用网络、图书等资源，查找相关信息；是否能将查到的信息有效地传递到学习中			10分	
感知课堂学习	是否能在学习中获得满足感和认同感			10分	
学习态度、沟通能力	是否积极主动与教师、同学交流，相互尊重、理解；与教师、同学之间是否能保持多向、丰富、适宜的信息交流			5分	
	是否能处理好合作学习和独立思考的关系，做到有效学习；是否能提出有意义的问题或发表个人见解			5分	
知识、能力获得情况	是否了解幼儿园参观活动的价值与目的，以及资源选择的方法，知道幼儿园参观活动的组织流程			15分	
	是否能结合材料分析并理解幼儿园参观活动的影响因素、人员分工，理解幼儿园参观活动的内涵			10分	
	是否掌握幼儿园参观活动组织的流程，可以设计一份安全、可实施的幼儿园参观活动方案			20分	
思维能力	是否能发现问题、提出问题、分析问题、解决问题、创新问题			10分	
自我反思	是否能按时保质完成任务；是否较好地掌握了知识点；是否具有较为全面、严谨的思维能力，能有条理地梳理观点并形成文字			15分	
评价分数					
总体提炼	优点				
	不足				

评价工作单 2

组号：＿＿＿＿＿　姓名：＿＿＿＿＿　学号：＿＿＿＿＿　检索号：7-3-6

小组内互评验收表

组长		组名		日期	
验收成员姓名					
任务要求	幼儿园参观活动价值与目的、影响因素、资源的认知；幼儿园参观活动内涵和性质的认知；掌握幼儿园参观活动的组织流程，能设计幼儿园参观活动方案。任务完成过程中，至少包含5份文献检索清单				
文档验收清单	被验收者任务工作单7-3-1、7-3-2、7-3-3、7-3-4				
	文献检索清单				
评价指标	评价内容			分数	分数评定
信息收集能力	该同学是否能有效利用网络、图书等资源，查找相关信息；是否能将查到的信息有效地传递到学习中			10分	
感知课堂学习	该同学是否能在学习中获得满足感和认同感			10分	
学习态度、沟通能力	该同学是否能积极主动与教师、同学交流，相互尊重、理解；与教师、同学之间是否能保持多向、丰富、适宜的信息交流			5分	
	该同学是否能处理好合作学习和独立思考的关系，做到有效学习；是否能提出有意义的问题或发表个人见解			5分	
知识、能力获得情况	该同学是否了解幼儿园参观活动的价值与目的，以及资源选择的方法，知道幼儿园参观活动的组织流程			15分	
	该同学是否能结合材料分析并理解幼儿园参观活动的影响因素、人员分工，理解参观活动的内涵			10分	
	该同学是否掌握幼儿园参观活动的组织流程，设计一份安全、可实施的幼儿园参观活动方案			20分	
思维能力	该同学是否能发现问题、提出问题、分析问题、解决问题、创新问题			10分	
自我反思	该同学是否能按时保质完成任务；是否较好地掌握了知识点；是否具有较为全面、严谨的思维能力，能有条理地梳理观点并形成文字			15分	
评价分数					
该同学的不足之处					
有针对性的改进建议					

评价工作单 3

组号：________ 姓名：________ 学号：________ 检索号：7-3-7

小组间互评验收表

验收组长		验收组号		日期	
验收成员姓名					
验收组完成的资料清单	被验收者任务工作单7-3-1、7-3-2、7-3-3、7-3-4				
	文献检索清单				
评价指标	评价内容			分数	分数评定
汇报表述	表述是否清晰准确			15分	
	语言是否流畅，普通话是否标准			10分	
	是否能准确汇报该小组完成情况			15分	
内容正确度	内容是否正确			30分	
	句型表达是否到位			30分	
评价分数					
简要评述					

评价工作单 4

组号：________　姓名：________　学号：________　检索号：7-3-8

任务完成情况评价表

<table>
<tr><td>任务名称</td><td></td><td>组名</td><td></td><td>总得分</td><td></td></tr>
<tr><td>评价依据</td><td colspan="5">学生完成的任务工作单 7-3-1、7-3-2、7-3-3、7-3-4</td></tr>
<tr><td>评价内容</td><td>评价要点</td><td colspan="2">考查要点</td><td>分数</td><td>分数评定</td></tr>
<tr><td rowspan="2">查阅文献情况</td><td rowspan="2">任务实施过程中文献查阅</td><td colspan="2">是否查阅文献资料不少于5份（缺1份扣1分）</td><td rowspan="2">20分</td><td rowspan="2"></td></tr>
<tr><td colspan="2">是否正确运用信息资料（描述错误扣2分）</td></tr>
<tr><td rowspan="2">互动交流情况</td><td rowspan="2">小组内交流，教学互动</td><td colspan="2">是否在小组内与其他成员积极交流，大胆表达自己的观点（酌情给分）</td><td rowspan="2">30分</td><td rowspan="2"></td></tr>
<tr><td colspan="2">是否愿意接受教师指导，或在遇到困难时，是否能主动寻求教师的帮助（酌情给分）</td></tr>
<tr><td rowspan="2">任务完成情况</td><td>规定时间内的完成度</td><td colspan="2">是否能在规定时间内完成任务（如没在规定时间内完成，则酌情扣分）</td><td>20分</td><td rowspan="2"></td></tr>
<tr><td>任务完成的正确度</td><td colspan="2">任务完成的正确性（错误1个点扣2分）</td><td>30分</td></tr>
<tr><td colspan="4">评价分数</td><td colspan="2"></td></tr>
<tr><td>简要评论</td><td colspan="5"></td></tr>
</table>

任务四　幼儿园社团活动的设计与指导

一、任务描述

请设计一份幼儿园社团活动方案。

二、学习目标

(一)知识目标

(1)了解幼儿园社团活动的含义。
(2)理解幼儿园社团活动的价值。

(二)能力目标

(1)通过讨论、分析案例，能思考发现幼儿园社团活动的类型和内容。
(2)掌握幼儿园社团活动的设计、实施与评价，能初步设计幼儿园社团活动方案。

(三)素养目标

(1)认同幼儿园社团活动的价值，重视家园共育。
(2)培养乐于思考、分析问题的意识。

三、任务分析

(1)重点：掌握幼儿园社团活动的设计、实施与评价，能初步设计幼儿园社团活动方案。

(2)难点：幼儿园社团活动方案设计符合幼儿年龄特点和身心发展规律，人员分工合理。

四、相关知识链接

(一)幼儿园社团活动的含义

根据前人对家园共育和亲子活动的研究情况，结合当前幼儿园在社团活动开展的实际情况，我们将“幼儿园社团活动”定义为：以幼儿园为引领，以社团各小组家长及幼儿为主体，结合幼儿兴趣、家长特长及资源，在社团教师的带动下，组织的富有幼儿学习领域特色的亲子活动。

（二）幼儿园社团活动的设计、实施与评价

1. 幼儿园社团活动的设计

针对幼儿园社团活动的筹划，主要从幼儿园社团活动的物质基础、人员基础、章程、计划性和准备几个方面进行讨论。

（1）从幼儿园社团活动的物质基础上来说，园所面积、园内场地、各类社区资源（如图书馆、美术馆、地铁站、公园等）、功能室、幼儿园教具和器材、经费支持等，都可以作为幼儿园社团活动的物质基础。

（2）从幼儿园社团活动的人员基础上来说，家长、教师、幼儿、幼儿园领导、家长委员会及部分社区家庭的参与，构成了幼儿园社团活动的人员基础，各部分人员各司其职，共同为幼儿园社团活动助力。其中，可考虑幼儿园领导1名、社团教师2名、社团团长1名（负责本社团小组的具体活动）、社团副团长2名（负责配合团长组织活动）、社团小组联络员1名（负责社团活动的联络）、各社团家庭幼儿，此外，每个社团根据社团需要设置义务、助教、资料收集等成员。

（3）从幼儿园社团活动的章程上来说，可包括幼儿园社团活动的社团名称、社团性质、社团宗旨、社团成员的权利与义务、组织机构、附则等内容。

（4）从幼儿园社团活动的计划性上来说，由幼儿园领导或社团教师根据资源进行目标和内容上的计划，也可有家长参与进行计划，但从“以幼儿为主体”的育儿观出发，应加大幼儿和家长对幼儿园社团活动计划的参与力度，让家长真正平等、深入地参加到家长社团活动中去。

（5）从幼儿园社团活动的准备上来说，可参考以下准备工作：各社团团长与家长商议社团活动的开展时间、地点和内容，并简短与社团负责教师沟通，草拟出社团活动方案初稿；社团负责教师确定可以参加的家庭人数，并仔细完善活动方案初稿，与社团团长达成一致建议后，将社团活动方案递交负责该社团的幼儿园领导审核；幼儿园领导提前统筹协调场地和人员，修改、完善和最终确定活动方案；社团负责教师在社团的微信群内通知活动开展时间、地点、流程、注意事项、准备的物品，以及该次活动可以容纳参加的家庭人数；活动采取先报先得的方式，人满截止；若幼儿园可以提供该次活动所需的材料，则由幼儿园提供，若材料短缺或特殊，则由各家庭自行准备，在活动当天带来，若需幼儿园财政支持，社团负责教师则需提前报备幼儿园领导和财务人员。

2. 幼儿园社团活动的实施

（1）从幼儿园社团活动的实施频次上来说，应根据幼儿园学期工作的繁忙程度大致确定社团的活动频率，至少保证每个社团每学期开展一次活动，若学期工作不是非常紧张，则每个社团各开展两次或以上的社团活动，有时遇到难得的家长、社区资源可临时增加社团活动。

（2）从幼儿园社团活动的开展地点上来说，既可选择在园内的室内外场所，也可选择在园外的社区场所，如贵州省图书馆、贵州省政府警卫连等，极少会在园外家长的工作单位开展，影响因素多为幼儿的安全问题。

3. 幼儿园社团活动的评价

从幼儿园社团活动的评价依据来说，不同的对象可以从不同的依据和角度对幼儿园社团活动进行评价，如幼儿园园长评价幼儿园社团活动，可从活动内容、安全性、幼儿参与程度、家长参与程度、教师指导策略、活动目标达成度来评价；教师评价幼儿园社团活动，可从家庭人数、幼儿参与程度、家长参与程度、场面可控性、活动目标达成度来评价；家长评价幼儿园社团活动，可从活动内容、活动组织策略、亲子互动效果、对幼儿的作用、活动安排来评价；幼儿评价幼儿园社团活动，可从活动内容、是否开心、父母参与活动来评价，并且考虑到幼儿的年龄特点，可采用访谈的方式进行。

（三）幼儿园社团活动组织的实施建议

1. 增加幼儿园社团活动的开展次数

一个幼儿园社团活动可以承载的家庭数量是有限的，少数家庭一个学期可能会因为人多活动少，而无法参与幼儿园社团活动中来。因为同一个活动内容不能满足所有的家庭，所以可以考虑在第二次、第三次甚至第四次开展活动的时候，沿用第一次同样经典的活动内容，让同一个家长社团内的家长和幼儿，都可以参与活动，这样活动的覆盖面会更广，在一次次活动积累经验后，该活动方案的质量也会不断得到提高，成为经典的幼儿园社团活动方案。

2. 增加幼儿园社团活动的种类

一般地，幼儿园开展五个至六个社团，从数量上来说，满足不了全园多个家庭；从幼儿学习的五大领域来说，涉足了健康、艺术、语言、社会四个领域，缺少了科学领域，在一定程度上限制了幼儿五大领域的全面发展。因此，可以增加家长社团的种类，一方面，可以更加拓展家长和幼儿的兴趣，扩大活动人数的覆盖面，满足家长和幼儿需要；另一方面，也是对幼儿五大领域学习内容的完善和补充。

3. 鼓励家长和教师更深入、积极地参与

可运用一些正向鼓励，提高家长的积极性，如为团长和副团长颁发聘任证书、为本学期在家长社团活动中做出突出贡献的家长颁发奖状，让幼儿也看到爸爸妈妈参加组织活动得到的荣誉，享受成功的喜悦等。

4. 做好与上级主管部门的沟通，让园外活动更加畅通

园方应力求与上级主管部门及家长做好沟通，妥善解决幼儿园园外活动的安全责任问题，保证幼儿园社团活动在场地和资源上的畅通，必要时可以与家长签订幼儿园园外安全责任书，在外出活动时，园方保证后勤部门和卫生保健部门有专人跟随，以防突发事件的发生。

资源链接：幼儿园社团活动的价值

资源链接：幼儿园社团活动的影响因素

五、任务分工

学生分组及任务分工表

班级		组号		指导教师	
组长		学号			
组员	姓名	学号	姓名	学号	
任务分工					

六、任务实施

任务工作单 1

组号：__________ 姓名：__________ 学号：__________ 检索号：7-4-1

引导问题：

幼儿园社团活动：草木滋味　扎染之美

扫描右侧二维码，阅读并分析材料，回答下列问题。

（1）材料中的幼儿园社团活动，是属于哪个领域的活动？

（2）查阅资料，了解幼儿园社团活动的类型和内容，并指出案例中社团活动的类型及内容。

（3）材料中的幼儿园社团活动需要活动组织教师具备哪些方面的素养？若幼儿园教师没有这个方面的特长，你打算怎么办？

（4）在材料中的幼儿园社团活动中，家长需要做什么？

（5）你认为此幼儿园社团活动还可以如何改进？

任务工作单 2

组号：__________ 姓名：__________ 学号：__________ 检索号：7-4-2

引导问题：

设计一份幼儿园社团活动方案。

活动名称	
活动主持者 （组织者）	
活动来源	
活动目标	
活动时间	
活动地点	
活动参与人	
活动准备	

人员分工	
活动过程	

任务工作单 3

组号：__________ 姓名：__________ 学号：__________ 检索号：7-4-3

引导问题：

小组间交流讨论，教师参与并指导，完善所设计的幼儿园社团活动方案。

活动名称	
活动主持者（组织者）	
活动来源	
活动目标	
活动时间	
活动地点	
活动参与人	
活动准备	

人员分工	
活动过程	

任务工作单 4

组号：________　姓名：________　学号：________　检索号：7-4-4

引导问题：

（1）每个小组推荐一位小组长，进行汇报，借鉴经验，进一步完善所设计的幼儿园社团活动方案。

（2）自查、分析存在的不足之处及改进方法。

七、评价反馈

评价工作单 1

组号：________ 姓名：________ 学号：________ 检索号：7-4-5

自我评价表

班级		姓名		日期	
评价指标	评价内容			分数	分数评定
信息收集能力	是否能有效利用网络、图书等资源，查找相关信息；是否能将查到的信息有效地传递到学习中			10分	
感知课堂学习	是否能在学习中获得满足感和认同感			10分	
学习态度、沟通能力	是否积极主动与教师、同学交流，相互尊重、理解；与教师、同学之间是否能保持多向、丰富、适宜的信息交流			5分	
	是否能处理好合作学习和独立思考的关系，做到有效学习；是否能提出有意义的问题或发表个人见解			5分	
知识、能力获得情况	是否理解幼儿园社团活动的价值			10分	
	是否能结合材料分析并理解幼儿园社团活动的内涵、内容及类型，以及教师、家长扮演的角色			15分	
	是否掌握幼儿园社团活动的设计、实施与评价，能初步设计幼儿园社团活动方案			20分	
思维能力	是否能发现问题、提出问题、分析问题、解决问题、创新问题			10分	
自我反思	是否能按时保质完成任务；是否较好地掌握了知识点；是否具有较为全面、严谨的思维能力，能有条理地梳理观点并形成文字			15分	
评价分数					
总体提炼	优点				
	不足				

评价工作单 2

组号：________　姓名：________　学号：________　检索号：7-4-6

小组内互评验收表

组长		组名		日期	
验收成员姓名					
任务要求	幼儿园社团活动含义、类型和价值的认知；掌握幼儿园社团活动的设计、实施与评价。任务完成过程中，至少包含5份文献检索清单				
文档验收清单	被验收者任务工作单7-4-1、7-4-2、7-4-3、7-4-4				
	文献检索清单				
评价指标	评价内容			分数	分数评定
信息收集能力	该同学是否能有效利用网络、图书等资源，查找相关信息；是否能将查到的信息有效地传递到学习中			10分	
感知课堂学习	该同学是否能在学习中获得满足感和认同感			10分	
学习态度、沟通能力	该同学是否能积极主动与教师、同学交流，相互尊重、理解；与教师、同学之间是否能保持多向、丰富、适宜的信息交流			5分	
	该同学是否能处理好合作学习和独立思考的关系，做到有效学习；是否能提出有意义的问题或发表个人见解			5分	
知识、能力获得情况	该同学是否理解幼儿园社团活动的价值			10分	
	该同学是否能结合材料分析并理解幼儿园社团活动的内涵、内容及类型，以及教师、家长的角色			15分	
	该同学是否掌握幼儿园社团活动的设计、实施与评价，能初步设计幼儿园社团活动方案			20分	
思维能力	该同学是否能发现问题、提出问题、分析问题、解决问题、创新问题			10分	
自我反思	该同学是否能按时保质完成任务；是否较好地掌握了知识点；是否具有较为全面、严谨的思维能力，能有条理地梳理观点并形成文字			15分	
评价分数					
该同学的不足之处					
有针对性的改进建议					

评价工作单 3

组号：________ 姓名：________ 学号：________ 检索号：7-4-7

小组间互评验收表

验收组长		验收组号		日期	
验收成员姓名					
验收组完成的资料清单	被验收者任务工作单7-4-1、7-4-2、7-4-3、7-4-4				
	文献检索清单				
评价指标	评价内容			分数	分数评定
汇报表述	表述是否清晰准确			15分	
	语言是否流畅，普通话是否标准			10分	
	是否能准确汇报该小组完成情况			15分	
内容正确度	内容是否正确			30分	
	句型表达是否到位			30分	
评价分数					
简要评述					

评价工作单 4

组号：＿＿＿＿ 姓名：＿＿＿＿ 学号：＿＿＿＿ 检索号：7-4-8

任务完成情况评价表

<table>
<tr><td>任务名称</td><td colspan="2"></td><td>组名</td><td></td><td>总得分</td><td></td></tr>
<tr><td>评价依据</td><td colspan="6">学生完成的任务工作单7-4-1、7-4-2、7-4-3、7-4-4</td></tr>
<tr><td>评价内容</td><td>评价要点</td><td colspan="3">考查要点</td><td>分数</td><td>分数评定</td></tr>
<tr><td rowspan="2">查阅文献情况</td><td rowspan="2">任务实施过程中文献查阅</td><td colspan="3">是否查阅文献资料不少于5份（缺1份扣1分）</td><td rowspan="2">20分</td><td rowspan="2"></td></tr>
<tr><td colspan="3">是否正确运用信息资料（描述错误扣2分）</td></tr>
<tr><td rowspan="2">互动交流情况</td><td rowspan="2">小组内交流，教学互动</td><td colspan="3">是否在小组内与其他成员积极交流，大胆表达自己的观点（酌情给分）</td><td rowspan="2">30分</td><td rowspan="2"></td></tr>
<tr><td colspan="3">是否愿意接受教师指导，或在遇到困难时，是否能主动寻求教师的帮助（酌情给分）</td></tr>
<tr><td rowspan="2">任务完成情况</td><td>规定时间内的完成度</td><td colspan="3">是否能在规定时间内完成任务（如没在规定时间内完成，则酌情扣分）</td><td>20分</td><td rowspan="2"></td></tr>
<tr><td>任务完成的正确度</td><td colspan="3">任务完成的正确性（错误1个点扣2分）</td><td>30分</td></tr>
<tr><td colspan="5">评价分数</td><td colspan="2"></td></tr>
<tr><td>简要评论</td><td colspan="6"></td></tr>
</table>

模块八　幼儿园教育活动评价

《幼儿园教育指导纲要（试行）》指出："教育评价是幼儿园教育工作的重要组成部分，是了解教育的适宜性、有效性，调整和改进工作，促进每一个幼儿发展，提高教育质量的必要手段。"幼儿园教育活动作为一种有组织、有目的的儿童发展活动，必然有相应的评价标准对其效果进行评价。[①] 幼儿园教育活动评价之所以是一个广受关注与热议的话题，是因为其极为重要却又难以把握。近阶段，我国幼儿园教育活动评价出现了多种评价模式，教育工作者及相关主体越发倾向于多元化的评价方式，尤其是关注幼儿园教育活动过程的评价。[②]

要进行幼儿园教育活动评价，就需要学习幼儿园教育活动评价的基本知识，认识幼儿园教育活动评价的重要性，掌握各类型幼儿园教育活动评价的要点，运用幼儿发展、学前教育原理等专业知识分析问题、总结经验、自我反思、不断改进。这是落实幼儿园教育目标，提升幼儿园教育活动质量，实现教师专业化成长的重要内容。

图8-1-1　幼儿园教育活动评价

① 马春玉.与幼儿发展连接：幼儿园课程理念落实的关键[J].学前教育研究，2020（4）：93-96.

② 宋蓉.基于保教一体化的幼儿园教育质量评价[J].学前教育研究，2019（4）：85-88.

任务一　幼儿园教育活动评价认知

一、任务描述

请说明幼儿园教育活动评价的概念、内容与标准，以及常用方法。

二、学习目标

（一）知识目标

（1）了解幼儿园教育活动评价的概念。

（2）理解幼儿园教育活动评价的常用方法。

（二）能力目标

掌握幼儿园教育活动评价的内容与标准。

（三）素养素质目标

（1）树立自主、合作学习的意识，有良好的从教意愿。

（2）理解并认同幼儿园教育活动评价的价值，逐步树立科学的幼儿园教育活动评价观。

三、重难点

（1）重点：掌握幼儿园教育活动评价的内容与标准。

（2）难点：理解并认同幼儿园教育活动评价的价值。

四、相关知识链接

（一）教育评价与幼儿园教育活动评价的概念

教育评价最早由美国心理学家R. W. 泰勒在1929年提出，是指对教育活动有关各要素的实态把握、价值衡量和价值判断。① 幼儿园教育活动评价是以幼儿园教育活动为评价对象，依据一定的教育观，运用科学的手段和方法，对幼儿园教育活动中有关各要素做出价值判断的过程。②

① 李维金. 学前儿童科学教育［M］. 北京：教育科学出版社，2012：227-229.

② 秦旭芳. 学前儿童设计［M］. 北京：教育科学出版社，2018：226-227.

（二）幼儿园教育活动评价的内容与标准

1. 活动目标

活动目标是教师预期活动达到的教育结果。活动目标的具体评价标准可包括以下几个方面。

其一，具有系统性、连贯性、层次性。每个具体的教育活动目标都应与日计划、周计划、学期目标、各年龄段目标及教育的总目标保持一贯性和系统性。在评价幼儿园教育活动时，为提高评价的合理性，必须从目标的系统性、连贯性和层次性出发。

其二，具体明确有可操作性。活动目标应该具体明确，具有可操作性，评价效果可以通过具体的行为体现，以此衡量幼儿园教育活动效果。

其三，符合幼儿身心发展特点，能促进幼儿发展。目标制定应符合班级幼儿的实际发展水平与年龄特点。既考虑到本班幼儿的整体发展水平和已有经验，又兼顾个体发展需求，更能促进幼儿的终身学习和个性发展。

其四，具有整合性，又灵活立体。幼儿园教育活动目标应包含态度情感、能力方法和认知经验等多个维度，强调对学前教育先进理念的体现。此外，目标也要适应幼儿园教育过程中面临的变化，考虑到幼儿个体差异性，适应不同发展层次的幼儿。

2. 活动内容

活动内容的具体评价标准应包括以下几个方面。

其一，科学且与目标一致。活动内容的选择必须符合科学性，即活动涉及的内容是准确客观、可靠可信的，能为幼儿所接受、理解。此外，活动内容的选择还应与活动目标一致，紧紧围绕活动目标，并有利于活动目标实现。

其二，全面启蒙有趣性。幼儿园教育活动的内容应当是全面的、启蒙的，可相对划分为几大领域，符合幼儿的认知经验和发展水平。活动内容是幼儿感兴趣的、好奇的，能调动幼儿参与活动的主体性，处于积极活动状态。

其三，内容是典型渗透的。活动内容能典型地体现某领域的核心经验，即具有典型性、代表性事物生成或是某一事物典型特征所反映。在广泛性和多样性的基础之上，帮助幼儿形成对领域基本框架、结构的大致了解，为后续的进一步学习奠定坚实基础。注重内容与各领域有机结合、相互渗透，体现整合的教育理念。

其四，内容是活动可行的。活动内容能保证幼儿直接参与其中，体现主体活动性。组织和实施活动内容，要注意结构合理、重难点突出及衔接流畅。

3. 活动方法

幼儿是幼儿园教育活动的主体，教师是幼儿园活动的组织者和指导者，具有主导作用。活动方法的具体评价标准如下。

其一，方法与内容达成性，协调且统一。活动方法的选择首先要保证目标的达成和内容实施，顾及幼儿的身心、年龄特点，注意到与环境、材料的交互。

其二，新颖多样性。在确保活动方法科学合理的前提下，应力求新颖有趣，运用多种方法组织实施活动，充分调动幼儿的积极性，更好地达成目标，完成教学任务。

其三，直观实用性。幼儿的思维以具体形象思维为主，活动方法只有直观生动、形象灵活，才符合幼儿的年龄特点。根据活动的实际情况，在不同情境、主题、类型活动中运用不同的方法，做到有的放矢，凸显方法的实用性。

其四，活动性。幼儿作为活动的主体，要提供充足的时间、空间与适宜的材料，引导幼儿直接感知、亲身体验、实际操作，在不同活动中获取生活中常见、常用的知识经验。

4. 活动过程

幼儿园教育活动的过程应是动态的评价过程。活动过程的具体评价标准应包括以下几个方面。

其一，注重综合性、趣味性与活动性。活动过程应充分考虑幼儿的学习特点和认知规律，各领域的内容要有机联系、相互渗透，注重综合性、趣味性、活动性，寓教育于生活、游戏之中。

其二，安排合理，结构富有条理。注意活动过程的环节安排是否合理，结构是否紧凑有序，各步骤间的层次性、系列性与系统性是否体现，动静交替是否明显，过渡是否自然流畅。

其三，引导与回应得当。关注教师在活动过程中的教姿教态、精神面貌，对幼儿主动性与积极性的指导，使用符合幼儿年龄特点的语言进行保教教学，善于倾听，能与幼儿进行有效沟通。

5. 活动环境

环境是重要的教育资源，应通过环境的创设和利用，有效地促进幼儿的发展。活动环境与活动目标、活动内容有着天然的联系，必须精心创设和利用环境，才能帮助幼儿理解活动内容，实现教育目标。活动环境的具体评价标准如下。

其一，协同适宜性。活动环境必须与幼儿园教育活动的各要素相协调统一，环境的选择和设计能否体现活动目标的达成，是否与活动内容相适应，以及是否与活动过程相匹配。环境中材料的投放是否符合幼儿的实际需要，在数量、质量上是否有所保证，在使用效能上是否得到最大限度的利用，发挥其应有的教育作用。

其二，资源整合性。活动环境创设过程中要重视幼儿园、家庭和社区的合作，合理利用各种资源，包括自然环境、人力资源、文化资源等。充分利用幼儿园中的区域，有机结合园外环境，扩大幼儿园教育活动的实施空间。

其三，安全实用性。物质环境的创设要遵循安全科学、经济实用的基本原则，环境中材料的投放要保证卫生、安全，具有实用性，保证其教育功能得到实现。

6. 幼儿发展

幼儿园教育活动是否促进幼儿全面发展，可从以下层面入手进行评价。

其一，认知经验。关注幼儿是否获取了周围世界的经验，并在感知经验的基础上形成了初级的概念。

其二，方法能力。注意幼儿探索认知周围世界的智力、技能与方法的发展水平，在此过程中是否运用多种感官积极参与，是否并用多种方法进行，以及能否对事物进行比较分析，进一步概括总结，主动表达、交流自身看法。

其三，情感态度。注重幼儿对周围世界的好奇心，探索周围世界的乐观态度，乐于合作交流的良好习惯，以及爱护环境的积极情感。

7. 师幼互动关系

师幼良好的互动关系，能在一定程度上保证教育活动取得预想效果。[①]师幼互动关系的具体评价标准包括以下几个方面。

其一，体现幼儿主体性。彰显幼儿在幼儿园教育活动中的主体地位，充分调动和发挥幼儿的主动性，遵循幼儿身心发展特点和保教活动规律，保障幼儿在活动中自由地交流、探索和学习。

其二，发挥教师主导作用。充分体现教师在幼儿园教育活动中的主导作用，观察幼儿，根据幼儿的表现和需要，调整活动，给予适宜的指导。灵活运用各种组织形式和适宜的教育方式。提供更多的操作探索、交流合作、表达表现的机会，支持和促进幼儿主动学习。

其三，师幼关系融洽。建立良好的师幼关系，帮助幼儿建立良好的同伴关系，让幼儿感到温暖和愉悦。

（三）幼儿园教育活动评价的常用方法

1. 按评价主体划分

按评价主体划分，幼儿园教育活动评价方法可分为自我评价与他人评价。自我评价是由活动设计者、实施者对自己的活动做出的评价，他人评价是指被评价者以外的其他人员作为评价主体展开的评价。[②]

2. 按评价功能划分

按评价功能划分，幼儿园教育活动评价方法可分为诊断性评价、形成性评价和终结性评价。诊断性评价是指在具体幼儿教育活动实施前的评价，通过诊断性评价可以了解幼儿学习的准备情况，教师可据此决定活动的起点；形成性评价是指在幼儿园教育活动实施过程中，为使活动效果更好而进行的动态评价，目的在于帮助教师更清楚地了解幼儿活动的进展情况，并根据这一反馈信息调节活动，贯穿于整个活动过程；总结性评价是指某项活动告一段落时为把握最终的活动成果而进行的评价，一般在活动结束时进行。[③]

3. 按评价的性质划分

按评价的性质划分，幼儿园教育活动可分为定量评价和定性评价。定量评价是采用数学的方法收集和处理数据资料，对评价对象做出定量结果的价值判断，评价结果较为客观、精准；定性评价则是根据评价者对评价对象平时的表现、状态及收集的文献资料进行分析、总结与描述，对评价对象做出定性结论的价值判断。[④]

---

① 秦旭芳．学前儿童设计[M]．北京：教育科学出版社，2018：236-237.

② 秦旭芳，张婷．基于自评与他评的幼儿园主班教师胜任力水平研究[J]．早期教育，2021(47)：20-25.

③ 霍力岩，胡恒波．英国学前教育标准中的差异教学观及其启示[J]．外国中小学教育，2017(4)：27-33.

④ 申倩琳，曾彬．民办幼儿园教师专业素养培训方式实验研究[J]．教师教育学报，2020，7(1)：55-62.

五、任务分工

学生分组及任务分工表

<table>
<tr><td>班级</td><td></td><td>组号</td><td></td><td>指导教师</td><td></td></tr>
<tr><td>组长</td><td></td><td>学号</td><td colspan="3"></td></tr>
<tr><td rowspan="6">组员</td><td>姓名</td><td>学号</td><td colspan="2">姓名</td><td>学号</td></tr>
<tr><td></td><td></td><td colspan="2"></td><td></td></tr>
<tr><td></td><td></td><td colspan="2"></td><td></td></tr>
<tr><td></td><td></td><td colspan="2"></td><td></td></tr>
<tr><td></td><td></td><td colspan="2"></td><td></td></tr>
<tr><td></td><td></td><td colspan="2"></td><td></td></tr>
<tr><td colspan="6">任务分工</td></tr>
<tr><td colspan="6"></td></tr>
</table>

六、任务实施

任务工作单 1

组号：________　姓名：________　学号：________　检索号：8-1-1

引导问题：

（1）你认为什么是幼儿园教育活动评价？

（2）幼儿园教育活动的基本要素有哪些？各自的具体评价标准又是什么？

（3）幼儿园教育活动评价有哪些常用方法？

任务工作单 2

组号：＿＿＿＿＿　姓名：＿＿＿＿＿　学号：＿＿＿＿＿　检索号：8–1–2

引导问题：

扫描右侧二维码，分析评价该幼儿园教育活动过程中的各要素，并提出自己的改进建议。

幼儿园教育活动：祖国知识挑战赛

任务工作单 3

组号：__________　姓名：__________　学号：__________　检索号：<u>8-1-3</u>

引导问题：

（1）小组间讨论，教师参与并指导，确定任务工作单8-1-1、8-1-2的最优答案，并检讨自己存在的不足之处。

（2）每个小组推选出一位小组长，进行汇报。根据汇报情况，再次检讨自己存在的不足之处。

七、评价反馈

评价工作单 1

组号：________ 姓名：________ 学号：________ 检索号：8-1-4

自我评价表

<table>
<tr><td>班级</td><td></td><td>姓名</td><td></td><td>日期</td><td></td></tr>
<tr><td>评价指标</td><td colspan="3">评价内容</td><td>分数</td><td>分数评定</td></tr>
<tr><td>信息收集能力</td><td colspan="3">是否能有效利用网络、图书等资源，查找相关信息；是否能将查到的信息有效地传递到学习中</td><td>5分</td><td></td></tr>
<tr><td>自身社会性</td><td colspan="3">是否积极与同伴进行实践探索，获得成就感</td><td>10分</td><td></td></tr>
<tr><td rowspan="2">学习态度、沟通能力</td><td colspan="3">是否主动与教师、同学交流，相互尊重、理解；与教师、同学之间是否能保持多向、丰富、适宜的信息交流</td><td>5分</td><td rowspan="2"></td></tr>
<tr><td colspan="3">是否能处理好合作学习和独立思考的关系，做到有效学习；是否能提出有意义的问题或发表个人见解</td><td>5分</td></tr>
<tr><td>学习方法</td><td colspan="3">学习方法是否得体，是否获得了进一步学习的能力</td><td>5分</td><td rowspan="3"></td></tr>
<tr><td rowspan="3">知识、能力获得情况</td><td colspan="3">是否知道幼儿园教育活动评价的内涵、要素</td><td>10分</td></tr>
<tr><td colspan="3">是否掌握幼儿教育活动评价的内容和标准</td><td>20分</td></tr>
<tr><td colspan="3">是否能分析具体幼儿园教育活动案例</td><td>15分</td><td></td></tr>
<tr><td>思维能力</td><td colspan="3">是否能发现问题、提出问题、分析问题、解决问题、创新问题</td><td>10分</td><td></td></tr>
<tr><td>自我反思</td><td colspan="3">是否能按时保质完成任务；是否较好地掌握了知识点；是否具有较为全面、严谨的思维能力，能有条理地梳理观点并形成文字</td><td>15分</td><td></td></tr>
<tr><td colspan="4">评价分数</td><td colspan="2"></td></tr>
<tr><td rowspan="2">总体提炼</td><td>优点</td><td colspan="4"></td></tr>
<tr><td>不足</td><td colspan="4"></td></tr>
</table>

评价工作单 2

组号：＿＿＿＿＿　姓名：＿＿＿＿＿　学号：＿＿＿＿＿　检索号：8-1-5

小组内互评验收表

<table>
<tr><td>组长</td><td></td><td>组名</td><td></td><td>日期</td><td></td></tr>
<tr><td>验收成员姓名</td><td colspan="5"></td></tr>
<tr><td>任务要求</td><td colspan="5">幼儿园教育活动评价的概念、内容与标准、常用方法的认知；理解幼儿园教育活动评价的价值和意义；掌握幼儿园教育活动中对幼儿评价的方法。任务完成过程中，至少包含5份文献检索清单</td></tr>
<tr><td rowspan="2">文档验收清单</td><td colspan="5">被验收者任务工作单8-1-1、8-1-2、8-1-3</td></tr>
<tr><td colspan="5">文献检索清单</td></tr>
<tr><td>评价指标</td><td colspan="3">评价内容</td><td>分数</td><td>分数评定</td></tr>
<tr><td>信息收集能力</td><td colspan="3">该同学是否能有效利用网络、图书等资源，查找相关信息；是否能将查到的信息有效地传递到学习中</td><td>10分</td><td></td></tr>
<tr><td>感知课堂学习</td><td colspan="3">该同学是否能在学习中获得满足感和认同感</td><td>10分</td><td></td></tr>
<tr><td rowspan="2">学习态度、沟通能力</td><td colspan="3">该同学是否能积极主动与教师、同学交流，相互尊重、理解；与教师、同学之间是否能保持多向、丰富、适宜的信息交流</td><td>5分</td><td></td></tr>
<tr><td colspan="3">该同学是否能处理好合作学习和独立思考的关系，做到有效学习；是否能提出有意义的问题或发表个人见解</td><td>5分</td><td></td></tr>
<tr><td rowspan="3">知识、能力获得情况</td><td colspan="3">该同学是否知道幼儿园教育活动评价的概念</td><td>15分</td><td></td></tr>
<tr><td colspan="3">该同学是否掌握幼儿园教育活动评价的内容和标准</td><td>15分</td><td></td></tr>
<tr><td colspan="3">该同学是否能分析具体幼儿园教育活动案例</td><td>15分</td><td></td></tr>
<tr><td>思维能力</td><td colspan="3">该同学是否能发现问题、提出问题、分析问题、解决问题、创新问题</td><td>10分</td><td></td></tr>
<tr><td>自我反思</td><td colspan="3">该同学是否能按时保质完成任务；是否较好地掌握了知识点；是否具有较为全面、严谨的思维能力，能有条理地梳理观点并形成文字</td><td>15分</td><td></td></tr>
<tr><td colspan="4">评价分数</td><td colspan="2"></td></tr>
<tr><td colspan="2">该同学的不足之处</td><td colspan="4"></td></tr>
<tr><td colspan="2">有针对性的改进建议</td><td colspan="4"></td></tr>
</table>

评价工作单 3

组号：__________ 姓名：__________ 学号：__________ 检索号：8-1-6

小组间互评验收表

<table>
<tr><td>验收组长</td><td></td><td>验收组号</td><td></td><td>日期</td><td></td></tr>
<tr><td>验收成员姓名</td><td colspan="5"></td></tr>
<tr><td rowspan="2">验收组完成的资料清单</td><td colspan="5">被验收者任务工作单 8-1-1、8-1-2、8-1-3</td></tr>
<tr><td colspan="5">文献检索清单</td></tr>
<tr><td>评价指标</td><td colspan="3">评价内容</td><td>分数</td><td>分数评定</td></tr>
<tr><td rowspan="3">汇报表述</td><td colspan="3">表述是否清晰准确</td><td>15分</td><td rowspan="3"></td></tr>
<tr><td colspan="3">语言是否流畅，普通话是否标准</td><td>10分</td></tr>
<tr><td colspan="3">是否能准确汇报该小组完成情况</td><td>15分</td></tr>
<tr><td rowspan="2">内容正确度</td><td colspan="3">内容是否正确</td><td>30分</td><td rowspan="2"></td></tr>
<tr><td colspan="3">句型表达是否到位</td><td>30分</td></tr>
<tr><td colspan="4">评价分数</td><td colspan="2"></td></tr>
<tr><td colspan="2">简要评述</td><td colspan="4"></td></tr>
</table>

评价工作单 4

组号：__________　姓名：__________　学号：__________　检索号：8-1-7

任务完成情况评价表

<table>
<tr><td>任务名称</td><td></td><td>组名</td><td></td><td>总得分</td><td></td></tr>
<tr><td>评价依据</td><td colspan="5">学生完成的任务工作单8-1-1、8-1-2、8-1-3</td></tr>
<tr><td>评价内容</td><td>评价要点</td><td colspan="2">考查要点</td><td>分数</td><td>分数评定</td></tr>
<tr><td rowspan="2">查阅文献情况</td><td rowspan="2">任务实施过程中文献查阅</td><td colspan="2">是否查阅文献资料不少于5份（缺1份扣1分）</td><td rowspan="2">20分</td><td rowspan="2"></td></tr>
<tr><td colspan="2">是否正确运用信息资料（描述错误扣2分）</td></tr>
<tr><td rowspan="2">互动交流情况</td><td rowspan="2">小组内交流，教学互动</td><td colspan="2">是否在小组内与其他成员积极交流，大胆表达自己的观点（酌情给分）</td><td rowspan="2">30分</td><td rowspan="2"></td></tr>
<tr><td colspan="2">是否愿意接受教师指导，或在遇到困难时，是否能主动寻求教师的帮助（酌情给分）</td></tr>
<tr><td rowspan="2">任务完成情况</td><td>规定时间内的完成度</td><td colspan="2">是否能在规定时间内完成任务（如没在规定时间内完成，则酌情扣分）</td><td>20分</td><td rowspan="2"></td></tr>
<tr><td>任务完成的正确度</td><td colspan="2">任务完成的正确性（错误1个点扣2分）</td><td>30分</td></tr>
<tr><td colspan="4">评价分数</td><td colspan="2"></td></tr>
<tr><td>简要评论</td><td colspan="5"></td></tr>
</table>

任务二　幼儿园教育活动评价与改进

一、任务描述

结合教育见习或实习，观摩、记录一个幼儿园教育活动，对它进行评价，并提出改进策略。

二、学习目标

（一）知识目标

理解幼儿园各类型教育活动的内涵及评价要点。

（二）能力目标

掌握幼儿园各类型教育活动的评价维度，能对各类型幼儿园教育活动进行合理评价，并提出改进策略。

（三）素养目标

（1）懂得不断反思、完善，提升幼儿园教育活动效果。

（2）逐步树立终身学习的态度和意识。

三、任务分析

（1）重点：掌握幼儿园各类型教育活动评价的内容、维度与方法。

（2）难点：基于所学知识，对幼儿园各类型活动进行合理性评价，并提出有效的改进策略。

四、相关知识链接

（一）幼儿园教育活动评价与改进

虞永平教授认为，幼儿园教学评价的核心目标是了解教学活动的成效，了解教学过程中教师和幼儿的行为，了解教学对幼儿发展的意义。因此，他提出一种通过四个项目评价幼儿园教育活动的方案。评价方案主要关注目标、内容、教师及幼儿四个相互关联的项目。在确立评价指标时，每个项目设定一些主要的评价点，并对这些评价点做了内涵的说明（见表8-2-1）。[1]

表8-2-1　幼儿园教育活动评价要点

评价要点		评价等级 A	评价等级 B	评价等级 C
目标	目标的年龄适宜性			
	目标的可落实性			
	目标的和谐性			
	目标实际的达成度			
内容	内容的年龄适宜性			
	内容与目标的一致性			
	内容的科学性			
	内容的生活性			
	相关环境、材料的适宜性			
	内容实际的完成情况			
教师	教师讲解的适宜性			
	教师教学策略的适宜性			
	教师对幼儿的关注			
	教师评价的适宜性			
幼儿	幼儿的投入程度			
	幼儿的互动机会			
	幼儿面临的挑战			
	幼儿的学习习惯			

幼儿园教育活动是由教师的“教”与幼儿的“学”共同组成的双边活动[2]，因此既要关注教学活动的各要素，也要重视幼儿的发展与师幼互动。在虞永平教授设计的幼儿园教学活动评价方案基础之上，可从以下几个维度展开幼儿园教学活动评价。

其一，教学理念。教学理念是教学理念设计的主导思想，评价理念是否科学合理、面向全体幼儿，是否体现“以人为本”的教育理念，表述是否清楚、精准、具体。

其二，教学目标。教学目标是教学过程的基础，评价教学活动设计的目标表述是否具体可操作、可验证，目标内涵是否考虑到幼儿的身心发展特点，关注到儿童的兴趣经验，以及重难点是否突出、目标达成是否可行等。

① 虞永平.幼儿园教育活动的评价[J].早期教育，2005（3）：8-9.

② 谢应琴.关于农村幼儿园教学活动评价的研究：对《3～6岁儿童学习与发展指南》的解读[J].教育探索，2014（11）：84-86.

其三，教学内容。教学内容是实现教学目标的重要保证，评价教学内容要看其是否科学合理，是否与教学目标一致，是否贴近幼儿的生活实际，以及是否符合最近发展区水平。

其四，教学方法。教学方法是为达成教学目标、实现教学任务等而采取的活动方式。评价教学方法是否贯穿游戏化、课程化等现代理念，是否以新颖有趣的方式主动引导和支持幼儿学习。

其五，教学过程设计。教学过程设计是实现目标的过程设计，评价教学过程设计应注意是否从幼儿的身心年龄特点、已有经验出发；思路主线是否清晰，是否遵循教育规律，由浅入深，层层递进。结构安排是否合理，时间分配是否得当等。

其六，教学实施。教学实施是实现教学目标的中心阶段，是教学设计的落实与评价。评价教学实施过程从幼儿教师素养、幼儿表现、师幼互动等方面进行。①幼儿教师素养体现在教师实施过程中运用到的提问、讲解等技能，以及是否灵活运用符合幼儿身心规律的教学策略；幼儿表现则包括幼儿在学习过程中的专注力、合作能力、解决问题能力及学习习惯和品质等方面；师幼互动表现为是否为双向互动，师幼关系是否和谐融洽等。

其七，教学效果是教学活动过程的最终显现，并直接作用于幼儿。评价教学效果要关注到教学目标是否达成，预计内容是否全面完成，以及幼儿的参与深度、广度与态度情况，是否在原有的基础上得到发展。

（二）幼儿园生活活动的评价与改进

幼儿园生活活动主要指幼儿入园、进餐、喝水、盥洗、如厕、睡眠、离园等活动——这些是生活活动的基本环节。

对于幼儿园生活活动的评价着重突出以下三个方面：一是能否满足幼儿的生活需要，这是对幼儿园生活活动的基本要求；二是能否发挥幼儿园生活活动的教育作用；三是能否满足幼儿个体的需要。除此之外，教师要科学、合理地安排和组织一日生活，积极创设物质条件并灵活调整幼儿园生活活动的时间安排与规则要求，以满足幼儿的个体需要，可围绕以下几个方面做出评价：一是时间安排是否具有相对的稳定性与灵活性；二是教师是否将直接指导的活动和间接指导的活动相结合，是否能保证幼儿的积极参与；三是能否减少不必要的集体行动和过渡环节，减少和消除消极等待现象；四是是否建立良好的常规，逐步引导幼儿学习自我管理。

（三）幼儿园游戏活动的评价与改进

游戏既是幼儿园的基本活动，也是幼儿全面发展的重要教育形式。游戏活动评价是游戏活动实践的重要内容和重要环节，是活动组织者对游戏活动的价值实践水平进行判断的基本手段。全面且有效的游戏评价不仅可以促进幼儿对游戏活动的参与，还可以更好地优化教师自身的教育理念，强化教师的专业意识和理论自觉。②因此，评价幼儿园

① 谢应琴．幼儿园教师教学活动评价要素研究［J］．内蒙古师范大学学报（教育科学版），2014，27（10）：66-67.

② 欧赛萍．游戏印记：幼儿游戏评价的可视化［J］．学前教育研究，2021（12）：85-88.

游戏活动需要注意以下四个方面：其一，教师是否因地制宜创设游戏条件，提供丰富、适宜的游戏材料，保证充足的游戏时间，开展多种游戏；其二，教师是否根据幼儿的年龄特点指导游戏，鼓励和支持幼儿；其三，游戏活动是否符合幼儿自身兴趣、需要和经验水平，幼儿能否自主选择游戏内容、游戏材料和伙伴；其四，幼儿在游戏过程中是否获得积极的情绪情感，能否促进幼儿能力和个性的全面发展。如表8-2-2所示。

表8-2-2　幼儿园游戏活动评价要点

<table>
<tr><th>游戏过程</th><th colspan="2">评价要点</th><th colspan="3">评价等级</th></tr>
<tr><td rowspan="10">游戏前的准备</td><td rowspan="3">游戏场地</td><td>场地整体规划</td><td>A</td><td>B</td><td>C</td></tr>
<tr><td>场地与场地之间的安排</td><td></td><td></td><td></td></tr>
<tr><td>场地内部设置</td><td></td><td></td><td></td></tr>
<tr><td rowspan="4">游戏材料</td><td>安全、卫生</td><td></td><td></td><td></td></tr>
<tr><td>符合幼儿年龄层次需要</td><td></td><td></td><td></td></tr>
<tr><td>数量充足</td><td></td><td></td><td></td></tr>
<tr><td>辅助性材料效果</td><td></td><td></td><td></td></tr>
<tr><td rowspan="3">游戏时间</td><td>各环节上时间的分配</td><td></td><td></td><td></td></tr>
<tr><td>时间长短</td><td></td><td></td><td></td></tr>
<tr><td>专注时长</td><td></td><td></td><td></td></tr>
<tr><td rowspan="15">游戏中幼儿的发展</td><td rowspan="4">身体发展</td><td>大肌肉动作</td><td></td><td></td><td></td></tr>
<tr><td>小肌肉动作</td><td></td><td></td><td></td></tr>
<tr><td>自我保健</td><td></td><td></td><td></td></tr>
<tr><td>生活能力</td><td></td><td></td><td></td></tr>
<tr><td rowspan="4">认知发展</td><td>智力</td><td></td><td></td><td></td></tr>
<tr><td>语言能力</td><td></td><td></td><td></td></tr>
<tr><td>自然概念</td><td></td><td></td><td></td></tr>
<tr><td>数概念</td><td></td><td></td><td></td></tr>
<tr><td rowspan="3">情绪情感</td><td>情绪表达</td><td></td><td></td><td></td></tr>
<tr><td>情绪管理</td><td></td><td></td><td></td></tr>
<tr><td>情绪调控</td><td></td><td></td><td></td></tr>
<tr><td rowspan="4">社会性发展</td><td>品德行为</td><td></td><td></td><td></td></tr>
<tr><td>交往能力</td><td></td><td></td><td></td></tr>
<tr><td>社会适应能力</td><td></td><td></td><td></td></tr>
<tr><td>个性特征</td><td></td><td></td><td></td></tr>
</table>

（四）幼儿园区角活动的评价与改进

幼儿园区角活动必须很好地支持幼儿的全面发展，做到活动形式多样，内容丰富。因此，对于幼儿园区角活动，可从以下几个方面进行评价。

其一，区角活动是否支持幼儿自主活动。幼儿在区角活动中是否有较强的自主性，能主动选择区角活动的内容、利用空间与材料等。

其二，幼儿园区角活动功能类型是否多样。从支持幼儿发展的角度来说，幼儿园区角活动功能类型丰富多样，班级室内外的区域规划、环境创设及材料投放应该支持幼儿园开展各类活动，符合幼儿的兴趣爱好，以及活动主题的变化，再由幼儿自主地推动、生成、铺开。

其三，幼儿园区角活动的空间规划、材料提供是否合适，时间、机会是否充足。区域规划是否考虑到活动的数量与每个区角大小、位置的合理性，是否遵循动静相对分离的原则。材料提供是否安全与卫生、数量充足与多样。幼儿每天是否有专门时间进行幼儿园区角活动。

其四，幼儿园区角活动内容与形式是否丰富多样。幼儿园区角活动的活动内容是否符合幼儿的年龄能力，具有一定的层次性与适度的挑战性，能以全面、多样的形式支持和帮助幼儿在各领域获得有益的经验，促进幼儿的全面发展与个性学习。

其五，教师的介入与指导是否适宜。在幼儿进入幼儿园区角活动之后，教师是否能维护区域内的基本规则和秩序，提供必要的安全监护，以积极的方式回应幼儿的问题行为。此外，教师能否依托小组或个别的形式进行互动，给予幼儿有效的指导和支持。

幼儿是幼儿园区角活动的主角，教师应为幼儿活动的顺利有效开展提供各种支持，创设适宜的活动区角，在其中投放适合的材料，制定区角活动规则，让幼儿自由地选择活动区域，与材料、同伴积极互动，获得个性化的学习与发展。

（五）家园活动、社区活动的评价与改进

幼儿园应与家庭、社区密切合作，综合利用各种教育资源，为幼儿的发展创造良好的条件，通过幼儿园与家庭、社区的互动共同促进幼儿的身心发展。

对于幼儿园家园活动的评价，可以注重以下要点：第一，家园活动是否尊重家长的主体地位，幼儿园是否本着尊重、平等、合作的原则，争取家长的理解与支持，并积极支持、帮助家长提高教育能力；第二，幼儿园是否建立幼儿园与家长联系的制度，是否采取多种形式，指导家长正确了解幼儿园保育和教育的内容、方法，是否定期召开家长会议，并接待家长的来访和咨询，是否认真分析、吸收家长对幼儿园教育与管理工作的意见和建议；第三，家园活动的内容是否具有针对性，是否包括幼儿的幼儿园生活、游戏、学习及个性发展等方面的情况，双方是否就家园活动的内容及时进行沟通、合作。幼儿发展过程中有两个重要的微观系统——家庭和幼儿园，家庭和幼儿园蕴含着丰富的教育资源和教育内容，双方各自的特点决定了其在幼儿成长过程中具有不可替代的作用。家园活动工作已经成为幼儿园教育工作中必不可少的一个部分，它不仅仅是幼儿园教育

的需要，更是幼儿自身发展的需要。建立良好的家园共育关系，对幼儿园教育质量的提高和幼儿身心全面、和谐发展具有重要意义。[①]

幼儿园应当加强与社区的联系和合作，面向社区宣传科学育儿知识，开展灵活多样的公益性早期教育服务，争取社区对幼儿园的多方位支持。幼儿园社区活动评价，可从以下三个方面着手。其一，是否在保证安全的前提下，带幼儿进入社区活动，感受社区文化，帮助幼儿认识和关心周围的人。其二，是否把社区的人请到幼儿园，是否把社区中不同职业人士适当、适时地请到学前教育机构来参观，与幼儿一起活动，共同开展幼儿园教育。第三，是否发挥幼儿园的优势，为社区贡献力量；教师是否发挥专业特长，积极主动根据社区需要，与社区配合。幼儿园应主动与社区合作，将“走出去”与“引进来”相结合，积极挖掘、整合、利用社会的各种资源，与幼儿园教育活动相结合。[②]

① 余慧珍，韩利平．家园共育工作的实践与思考［J］．教育导刊（下半月），2011（11）：60-62.

② 霍习霞．学前教育概论［M］．武汉：华中师范大学出版社，2013：186-187.

五、任务分工

学生分组及任务分工表

<table>
<tr><td>班级</td><td colspan="2"></td><td colspan="2">组号</td><td colspan="2"></td><td>指导教师</td><td></td></tr>
<tr><td>组长</td><td colspan="2"></td><td colspan="2">学号</td><td colspan="4"></td></tr>
<tr><td rowspan="6">组员</td><td colspan="2">姓名</td><td colspan="2">学号</td><td colspan="2">姓名</td><td colspan="2">学号</td></tr>
<tr><td colspan="2"></td><td colspan="2"></td><td colspan="2"></td><td colspan="2"></td></tr>
<tr><td colspan="2"></td><td colspan="2"></td><td colspan="2"></td><td colspan="2"></td></tr>
<tr><td colspan="2"></td><td colspan="2"></td><td colspan="2"></td><td colspan="2"></td></tr>
<tr><td colspan="2"></td><td colspan="2"></td><td colspan="2"></td><td colspan="2"></td></tr>
<tr><td colspan="2"></td><td colspan="2"></td><td colspan="2"></td><td colspan="2"></td></tr>
<tr><td colspan="9">任务分工</td></tr>
<tr><td colspan="9"></td></tr>
</table>

六、任务实施

任务工作单 1

组号：__________　姓名：__________　学号：__________　检索号：8-2-1

引导问题：

结合教育见习或实习，观摩、记录一个幼儿园教育活动，对它进行评价，并思考提出改进策略。

任务工作单 2

组号：＿＿＿＿＿ 姓名：＿＿＿＿＿ 学号：＿＿＿＿＿ 检索号：8-2-2

引导问题：

小组间交流讨论，教师参与并指导，完善评价内容和改进策略。

任务工作单 3

组号：__________　姓名：__________　学号：__________　检索号：8-2-3

引导问题：

（1）每个小组推荐一位小组长，进行汇报，借鉴经验，完善评价内容和改进策略。

（2）自查、分析存在的不足之处及改进方法。

七、评价反馈

评价工作单 1

组号：________　姓名：________　学号：________　检索号：8-2-4

自我评价表

<table>
<tr><td>班级</td><td></td><td>姓名</td><td></td><td>日期</td><td></td></tr>
<tr><td>评价指标</td><td colspan="3">评价内容</td><td>分数</td><td>分数评定</td></tr>
<tr><td>信息收集能力</td><td colspan="3">是否能有效利用网络、图书等资源，查找相关信息；是否能用自己的语言有条理地去解释、表述所学知识；是否能将查到的信息有效地传递到学习中</td><td>10分</td><td></td></tr>
<tr><td>感知课堂学习</td><td colspan="3">是否能在学习中获得满足感和认同感</td><td>10分</td><td></td></tr>
<tr><td rowspan="2">学习态度、沟通能力</td><td colspan="3">是否积极主动与教师、同学交流，相互尊重、理解；与教师、同学之间是否能保持多向、丰富、适宜的信息交流</td><td>15分</td><td rowspan="2"></td></tr>
<tr><td colspan="3">是否能处理好合作学习和独立思考的关系，做到有效学习；是否能提出有意义的问题或发表个人见解</td><td>15分</td></tr>
<tr><td>学习方法</td><td colspan="3">学习方法是否得体，有工作计划；评价内容是否体现了该类型活动的评价要点；提出的改进策略是否合理有效；是否获得了进一步学习的能力</td><td>25分</td><td></td></tr>
<tr><td>思维能力</td><td colspan="3">是否能发现问题、提出问题、分析问题、解决问题、创新问题</td><td>10分</td><td></td></tr>
<tr><td>自我反思</td><td colspan="3">是否能按时保质完成任务；是否较好地掌握了知识点；是否具有较为全面、严谨的思维能力，能有条理地梳理观点并形成文字</td><td>15分</td><td></td></tr>
<tr><td colspan="4">评价分数</td><td colspan="2"></td></tr>
<tr><td rowspan="2">总体提炼</td><td>优点</td><td colspan="4"></td></tr>
<tr><td>不足</td><td colspan="4"></td></tr>
</table>

评价工作单 2

组号：__________ 姓名：__________ 学号：__________ 检索号：8-2-5

小组内互评验收表

<table>
<tr><td>组长</td><td></td><td>组名</td><td></td><td>日期</td><td></td></tr>
<tr><td>验收成员姓名</td><td colspan="5"></td></tr>
<tr><td>任务要求</td><td colspan="5">理解幼儿园各类型教育活动的内涵及评价要点，掌握幼儿园各类型教育活动的评价维度，能对各类型幼儿园教育活动进行合理评价，并提出改进策略。任务完成过程中，至少包含5份文献检索清单</td></tr>
<tr><td rowspan="2">文档验收清单</td><td colspan="5">被验收者任务工作单8-2-1、8-2-2、8-2-3</td></tr>
<tr><td colspan="5">文献检索清单</td></tr>
<tr><td>评价指标</td><td colspan="3">评价内容</td><td>分数</td><td>分数评定</td></tr>
<tr><td>信息收集能力</td><td colspan="3">该同学是否能有效利用网络、图书等资源，查找相关信息；是否能用自己的语言有条理地去解释、表述所学知识；是否能将查到的信息有效地传递到学习中</td><td>10分</td><td></td></tr>
<tr><td>感知课堂学习</td><td colspan="3">该同学是否能在学习中获得满足感和认同感</td><td>10分</td><td></td></tr>
<tr><td rowspan="2">学习态度、沟通能力</td><td colspan="3">该同学是否能积极主动与教师、同学交流，相互尊重、理解；与教师、同学之间是否能保持多向、丰富、适宜的信息交流</td><td>15分</td><td></td></tr>
<tr><td colspan="3">该同学是否能处理好合作学习和独立思考的关系，做到有效学习；是否能提出有意义的问题或发表个人见解</td><td>15分</td><td></td></tr>
<tr><td>学习方法</td><td colspan="3">该同学学习方法是否得体，有工作计划；评价内容是否体现了该类型活动的评价要点；提出的改进策略是否合理有效；是否获得了进一步学习的能力</td><td>25分</td><td></td></tr>
<tr><td>思维能力</td><td colspan="3">该同学是否能发现问题、提出问题、分析问题、解决问题、创新问题</td><td>10分</td><td></td></tr>
<tr><td>自我反思</td><td colspan="3">该同学是否能按时保质完成任务；是否较好地掌握了知识点；是否具有较为全面、严谨的思维能力，能有条理地梳理观点并形成文字</td><td>15分</td><td></td></tr>
<tr><td colspan="4">评价分数</td><td colspan="2"></td></tr>
<tr><td>该同学的不足之处</td><td colspan="5"></td></tr>
<tr><td>有针对性的改进建议</td><td colspan="5"></td></tr>
</table>

评价工作单 3

组号：________ 姓名：________ 学号：________ 检索号：8-2-6

小组间互评验收表

<table>
<tr><td>验收组长</td><td></td><td>验收组号</td><td></td><td>日期</td><td></td></tr>
<tr><td>验收成员姓名</td><td colspan="5"></td></tr>
<tr><td rowspan="2">验收组完成的资料清单</td><td colspan="5">被验收者任务工作单8-2-1、8-2-2、8-2-3</td></tr>
<tr><td colspan="5">文献检索清单</td></tr>
<tr><td>评价指标</td><td colspan="3">评价内容</td><td>分数</td><td>分数评定</td></tr>
<tr><td rowspan="3">汇报表述</td><td colspan="3">表述是否清晰准确</td><td>15分</td><td rowspan="3"></td></tr>
<tr><td colspan="3">语言是否流畅，普通话是否标准</td><td>10分</td></tr>
<tr><td colspan="3">是否能准确汇报该小组完成情况</td><td>15分</td></tr>
<tr><td rowspan="2">内容正确度</td><td colspan="3">内容是否正确</td><td>30分</td><td rowspan="2"></td></tr>
<tr><td colspan="3">句型表达是否到位</td><td>30分</td></tr>
<tr><td colspan="4">评价分数</td><td colspan="2"></td></tr>
<tr><td>简要评述</td><td colspan="5"></td></tr>
</table>

评价工作单 4

组号：＿＿＿＿＿　姓名：＿＿＿＿＿　学号：＿＿＿＿＿　检索号：8-2-7

任务完成情况评价表

任务名称		组名		总得分	
评价依据	学生完成的任务工作单8-2-1、8-2-2、8-2-3				
评价内容	评价要点	考查要点		分数	分数评定
查阅文献情况	任务实施过程中文献查阅	是否查阅文献资料不少于5份（缺1份扣1分）		20分	
		是否正确运用信息资料（描述错误扣2分）			
互动交流情况	小组内交流，教学互动	是否在小组内与其他成员积极交流，大胆表达自己的观点（酌情给分）		30分	
		是否愿意接受教师指导，或在遇到困难时，是否能主动寻求教师的帮助（酌情给分）			
任务完成情况	规定时间内的完成度	是否能在规定时间内完成任务（如没在规定时间内完成，则酌情扣分）		20分	
	任务完成的正确度	任务完成的正确性（错误1个点扣2分）		30分	
评价分数					
简要评论					

参考文献

[1] 陈丽雅.幼儿园区域活动的创设与指导[J].新课程(综合版),2018(8):119.

[2] 管倚.幼儿园墙面环境创设和教育功能的研究[D].上海:华东师范大学,2005:29-32.

[3] 黄瑾.幼儿园教育活动设计与指导[M].3版.上海:华东师范大学出版社,2021.

[4] 霍力岩,胡恒波.英国学前教育标准中的差异教学观及其启示[J].外国中小学教育,2017(4):27-33.

[5] 霍习霞.学前教育概论[M].武汉:华中师范大学出版社,2013:186-187.

[6] 李生兰.英国幼儿园与家庭、社区合作共育的特点及启示[J].学前教育研究,2016(3):62.

[7] 李维金.学前儿童科学教育[M].北京:教育科学出版社,2012:227-229.

[8] 马春玉.与幼儿发展连接:幼儿园课程理念落实的关键[J].学前教育研究,2020(4):93-96.

[9] 马忠虎.家校合作[M].北京:教育科学出版社,1999:60.

[10] 欧赛萍.游戏印记:幼儿游戏评价的可视化[J].学前教育研究,2021(12):85-88.

[11] 秦旭芳,张婷.基于自评与他评的幼儿园主班教师胜任力水平研究[J].早期教育,2021(47):20-25.

[12] 秦旭芳.学前儿童设计[M].北京:教育科学出版社,2018:226-227,236-237.

[13] 申倩琳,曾彬.民办幼儿园教师专业素养培训方式实验研究[J].教师教育学报,2020,7(1):55-62.

[14] 施良芳.课程理论[M].北京:教育科学出版社,1996:1.

[15] 史宁中,张楚廷,笪佐领.高等师范教育面向21世纪教学内容和课程体系改革成果丛书:综合改革研究分卷[M].北京:北京师范大学出版社,2001.

[16] 宋蓉.基于保教一体化的幼儿园教育质量评价[J].学前教育研究,2019(4):85-88.

[17] 夏征农.辞海[M].上海:上海辞书出版社,1999.

[18] 谢维和.教育活动的社会学分析:一种教育社会学的研究[M].北京:教育科学出版社,2000.

[19] 谢应琴.幼儿园教师教学活动评价要素研究[J].内蒙古师范大学学报(教育科学版),2014,27(10):66-67.

[20] 徐莹晖.陶行知论生活教育[M].成都:四川教育出版社,2010.

[21] 杨晓萍.基于建构主义学习理论的幼儿园课程设计[J].山东教育科研,2002(2):25-27.

[22] 余慧珍,韩利平.家园共育工作的实践与思考[J].教育导刊(下半月),2011(11):

60–62.
[23] 虞永平. 幼儿园教育活动的评价[J]. 早期教育，2005（3）：8–9.
[24] 袁爱玲. 幼儿园生活活动指导[M]. 福州：福建教育出版社，2014：2.
[25] 张华. 课程与教学论[M]. 上海：上海教育出版社，2001.
[26] 郑杭生. 社会学概论新修[M]. 北京：中国人民大学出版社，2011：164–166.
[27] 周念丽. 学前儿童发展心理学：修订版[M]. 上海：华东师范大学出版社，2010：15.
[28] 朱家雄. 俗话幼儿园课程[M]. 上海：华东师范大学出版社，2021.
[29] GESTWICKI C. Home，school and community relations：a guide to working with parents[M]. Albany，New York：Delmar Publishers Inc，1992：78.
[30] FORTSON L R，REIFF J C.Families and teachers as partners，early childhood curriculum:open structures for integrative learning[M].NY：Simon&Schuster Company，1995：363.
[31] SWAP S M. Developing Home–School Partnerships[M]. New York：Teacher College Press，1993：27–59.